rayés de la carte

ou la remarquable
(et parfois ridicule) histoire
de pays aujourd'hui disparus

DU MÊME AUTEUR, TRADUCTION DE THIERRY BEAUCHAMP

>> Éditions Wombat

Les Pirates!, Dans une aventure avec les romantiques, 2012
Le Sexe tout bête, 2021

>> Éditions Le Dilettante

Les Pirates!, Dans une aventure avec les savants, 2006
Les Pirates!, Dans une aventure avec les baleines, 2007
Les Pirates!, Dans une aventure avec les communistes, 2008
Les Pirates!, Dans une aventure avec Napoléon, 2012

Publié à l'origine en anglais par HarperCollins Publishers Ltd. sous le titre
An Atlas of Extinct Countries: The Remarkable (and Occasionally Ridiculous) Stories of 48 Nations that Fell off the Map, © Gideon Defoe 2020
© Les Éditions du Sonneur, 2024 pour la présente édition

ISBN : 978-2-37385-299-8
Dépôt légal : mai 2024

Conception graphique : Sandrine Duvillier
Image de couverture : *Globe universel astronomique* par Adolphe Jourdan, 1890,
© Bibliothèque nationale de France

Les Éditions du Sonneur
www.editionsdusonneur.com

rayés
de la carte

ou la remarquable
(et parfois ridicule) histoire
de pays aujourd'hui disparus

Gideon Defoe

Traduit de l'anglais (Royaume-Uni)
par Thierry Beauchamp

Pour Élise.

DINGUES ET FILOUS

ERREURS ET MICRONATIONS

MENSONGES
ET ROYAUMES PERDUS

ÉTATS FANTOCHES
ET PRÉTEXTES POLITIQUES

INTRODUCTION

Trop généreux, ils moururent en faisant
Ce qu'ils aimaient : exporter du fer-blanc.

Les pays meurent. Parfois, à la suite d'un meurtre. Parfois, d'un accident. Parfois, parce qu'ils étaient dès le départ trop ridicules pour exister. De temps à autre, ils explosent violemment. Quelques-uns disparaissent sans qu'on s'en aperçoive. La cause de leur mort est souvent un « excès d'avidité » ou une « intervention napoléonienne ». Il arrive aussi qu'ils organisent un référendum et votent eux-mêmes leur sortie de vie.

Voici donc réunies dans cet ouvrage les nécrologies de nations aujourd'hui rayées de la carte. La manière polie d'écrire une nécrologie consiste à s'attarder sur les aspects positifs et à enjoliver les éléments gênants. Un livre sur les nations défuntes ne peut pas vraiment faire ça, parce qu'il est impossible de passer sous silence les éléments gênants : il sont beaucoup trop nombreux. Les biographies des malheureux pays disparus incluent toute une ribambelle de filous, de racistes, de filous racistes, d'arnaqueurs, de dingues, de types tentant de se dépêtrer de leurs impôts, de leurs erreurs, de leurs mensonges, de leurs plans ineptes et d'un tas de choses que l'on pourrait classer dans la catégorie « stupidité générale ». À cause de cela – et aussi parce que traiter les nations avec trop de révérence constitue sans doute le véritable problème à tous points de vue –, ces nécrologies ne contribuent pas de manière respectueuse aux hommages sincères rendus aux drapeaux, aussi beaux que puissent être certains d'entre eux.

Si vous aimez les quiz sur des sujets abscons et vous attendez à un livre qui donne une définition ferme et définitive de ce qu'est un pays, je vous dois des excuses[1]. On pourrait écrire un essai très impersonnel sur toutes les tentatives ratées de définir ce qu'est un « pays », et si les essais très impersonnels sont votre truc, il y en a déjà un certain

---

[1]. Je tiens aussi à m'excuser pour une autre raison : l'histoire de nombre des pays dont il est question dans ce livre est celle de Blancs fortunés, conséquence inévitable du fait qu'à l'époque, seuls des Blancs fortunés se sentaient autorisés à créer de nouveaux pays. (*Sauf mention contraire, toutes les notes sont de l'auteur.*)

nombre sur le marché. Aucun n'apporte réellement de réponse. En biologie, il existe ce qu'on nomme « le problème des espèces ». Le hic, c'est qu'après plusieurs années de débat sur le sujet, il est toujours impossible de s'entendre sur les critères qui permettraient de définir une « espèce ». Un pays n'est pas différent. Nous changeons de définition selon qu'on se trouve aux Nations Unies, qu'on joue au football, qu'on chante à l'Eurovision ou qu'on achète du fromage. C'est un véritable capharnaüm.

Cela dit, j'ai suivi quelques règles arbitraires : j'ai évité de remonter trop loin dans le passé, car parler de pays antiques en les considérant comme des nations n'a guère de sens, le concept n'ayant été développé que depuis quelques siècles. J'ai ignoré les empires et les colonies. J'ai laissé de côté les lieux dont le nom a changé mais dont la forme sur la carte est restée la même. Puis je me suis empressé d'oublier ces règles pour inclure Silla, Axoum, la Nouvelle-Calédonie et l'État indépendant du Congo. Veuillez adresser vos lettres de protestation à un producteur de quiz télévisé ou au secrétaire général des Nations Unies. Ou contentez-vous de vous dire que j'ai agi « dans la tradition d'Hérodote », ce qui est une manière élégante de rappeler qu'il vaut mieux produire une bonne histoire que de s'engluer dans des avertissements sans fin (petit avertissement justement : les avertissements sont utiles et l'on a raison de se méfier de tout ce qui essaie de résumer l'histoire d'une contrée en cinq cents mots).

Si les défuntes nations semblent jouer un rôle dérisoire dans la course du monde, il convient tout de même de signaler que, tel un super-héros Marvel particulièrement rentable, un pays ne reste pas toujours mort. Les humains changent constamment d'avis sur le type et le nombre d'humains auxquels ils veulent être associés, aussi leurs cœurs balancent-ils sans cesse entre des confettis minuscules et d'énormes empires, et il n'y a aucune raison de croire que ce processus s'arrêtera un jour. Dans moins d'une décennie, certains de ces zombies géographiques pourraient bien sortir de leurs tombes pour ressurgir dans l'atlas.

En lieu et place de fleurs, merci d'envoyer des devises fortes sur le marché des changes, SVP.

SALUT À TOI, MORESNET NEUTRE[2] !

---

2. Si vous ignorez ce qu'est le Moresnet neutre, rendez-vous p. 103. (*Note du traducteur*)

dingues
et filous

ROYAUME DE SARAWAK

1841-1946

Encore écolier, James Brooke manifesta son intention de fuguer et de prendre la mer. Il n'alla pas plus loin que le jardin de son grand-père à Reigate, ville située au sud de Londres. La combinaison d'un goût légèrement ostentatoire pour l'aventure et d'une tendance à tout gâcher fut le motif principal du reste de son existence.

Pas moins déterminé à voir le monde dans son adolescence, il s'engagea sous les drapeaux, mais sa glorieuse carrière militaire s'acheva à peine commencée. Chargeant l'ennemi lors d'une bataille, il fut dès les premiers instants touché par une balle, peut-être dans un poumon, peut-être dans un endroit plus mal situé[1] encore.

Après une douloureuse convalescence, Brooke remit ça. Il savait que son richissime père était incapable de dire non, car le jour où son frère lui avait demandé un éléphant, Brooke senior avait obligeamment exaucé le souhait de son rejeton : il en avait fait venir un à grands frais par bateau.

---

1. Probablement des mensonges : il est vraisemblable qu'à une époque où l'homosexualité était passible de mort, la rumeur selon laquelle Brooke aurait été touché au pénis n'ait été qu'une manière astucieuse d'expliquer son célibat perpétuel.

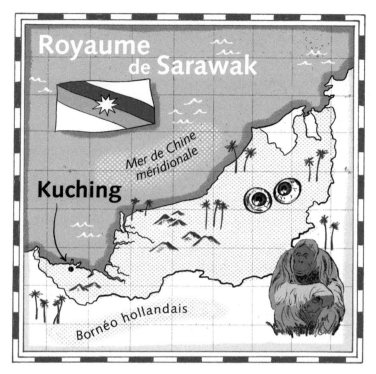

Population : entre 8 000 (1841) et 600 000 (1946) habitants
Capitale : Kuching
Langues : anglais, iban, melanau, bidayuh, sarawak, malais, chinois

Monnaie : dollar de Sarawak
Cause du décès : vendu aux Britanniques
Situation actuelle : partie de la Malaisie

James ne voulait pas d'éléphant. Il demanda un bateau. Papa s'exécuta. À bord de son nouveau jouet, Brooke mit le cap sur Bornéo : l'incarnation au XIXᵉ siècle de l'exotisme sauvage et luxuriant. La population indigène, les Dayaks, était divisée en factions rivales complexes, qui passaient leurs temps à s'asticoter, le plus souvent sous la forme de danses de guerre agressives. Brooke s'appuya avec succès sur leurs antagonismes, prenant le parti des « Dayaks de l'intérieur » contre les pirates qu'il appelait les « Dayaks de mer » (une terminologie qu'il inventa). Après avoir mis un peu d'ordre dans le chaos local, il se vit offrir une portion de territoire, en signe de reconnaissance, par le sultan de Brunei. Ce dernier croyait à tort que Brooke, un simple opportuniste, représentait plus ou moins l'Empire britannique. Il lui donna aussi une femelle orang-outan nommée Betsy.

À 38 ans à peine, Brooke possédait donc son propre royaume. « Je suis vraiment en train de devenir un grand homme, très chère mère » écrivit-il en exprimant cette humilité et cette retenue caractéristiques des Anglais fortunés sous le règne de Victoria. Mais en un temps où les Anglais cupides prospéraient sur la planète, Brooke n'obtenait guère que la moyenne sur l'échelle du Salaud impérialiste. Il semble avoir sincèrement voulu le meilleur pour « son peuple », quoiqu'avec le paternalisme condescendant de l'époque. Il créa un tribunal pour imposer la loi dans son nouveau domaine. Anecdote célèbre : il condamna à mort un crocodile mangeur d'hommes (car, bien qu'il respectât l'animal et eût de la compassion à son égard, il ne tenait pas à ce que les autres crocodiles se mépren-

nent sur la notion de « comportement acceptable »). Les
Dayaks étaient de fervents chasseurs de têtes[2]. Brooke tenta
sans grand succès de décourager l'activité, ce qui n'est probablement pas la pire des choses, quel que soit notre penchant pour le relativisme culturel.

À son retour au pays, Brooke devint dans un premier
temps un héros national. Mais dans un rare élan d'intros-
pection impériale, certains se demandèrent si s'en aller
bâtir son propre royaume n'était pas pousser le bouchon
un peu loin. Ses ennemis politiques l'accusèrent d'avoir
massacré des innocents. Brooke affirma qu'il s'agissait de
pirates. Il y eut une enquête qui, comme c'est souvent le
cas avec les enquêtes gouvernementales, s'enlisa rapidement dans des petits détails bizarres, telle la tentative de
définir l'adjectif pirate. Les bateaux pirates devaient-ils
avoir des voiles ? Et qu'en était-il s'ils ne disposaient que de
rames ? Comme on pouvait s'y attendre, il n'en sortit rien.

Sarawak s'endetta et le béguin local[3] de Brooke perdit
la vie au cours d'une insurrection chinoise. Sombrant peu
à peu dans la dépression, l'aventurier n'en espérait pas

---

2. Pour les Dayaks, chasser des têtes était un moyen de célébrer les événements
importants. Ne pas offrir un crâne humain à sa femme à l'occasion de la naissance de son enfant était considéré comme de très mauvais augure.
3. James Brooke semble être tombé amoureux du frère d'un rajah de la région,
Badruddin. Son journal intime contient un tas d'entrées évasives à son propos.

moins que le Royaume-Uni lui achèterait son pays, mais ses compatriotes n'étaient pas très chauds à cette idée. Ainsi le règne des « Rajahs blancs » continua-t-il tant bien que mal avec l'intronisation du neveu de Brooke, Charles, qui réussit à redresser l'économie nationale. Sa principale caractéristique était son œil de verre (acheté chez un taxidermiste et prévu pour un albatros ; ceci dit, une rumeur suggérait qu'il possédait une collection de globes oculaires factices de différents animaux qu'il choisissait selon son humeur du jour). Puis son fils, Vyner, lui succéda. Vyner vécut un enfer. On lui avait interdit de manger de la confiture dans son enfance parce que son père jugeait cela « efféminé ». Le rejeton développa une forme d'anxiété sociale si prononcée qu'il se cachait dans une armoire pour ne pas avoir à rencontrer les invités.

Mais se cacher dans une armoire n'allait pas se révéler suffisant pour éviter la Seconde Guerre mondiale et l'invasion japonaise qui venait avec. Vyner s'enfuit en Australie. À l'issue du conflit, il retrouva brièvement son royaume, mais celui-ci avait été détruit par les bombardements. Sans rien dans les caisses du Sarawak pour le reconstruire, Vyner dut affronter l'inévitable. Il parvint enfin à persuader les Britanniques de le décharger de son fardeau en échange d'une grosse somme d'argent et de confiture à volonté.

ROYAUME DE BAVIÈRE

1805-1918

Tous les matins, le coiffeur de Louis II, quatrième roi de Bavière, démêlait les cheveux de son souverain et les faisait bouffer, ce qui donnait l'impression que la tête du monarque était énorme. Celui-ci prétendait que, sans ces soins capillaires quotidiens, il ne pouvait apprécier ses repas. Si un valet les fixait du regard accidentellement – et trop longtemps –, lui et sa volumineuse chevelure, Louis lui versait sur-le-champ une cuvette d'eau sur la tête. Voilà où mènent plusieurs siècles de consanguinité royale.

La Bavière fit partie du Saint-Empire romain germanique pendant des siècles, mais ce ne fut qu'après l'écrasement de l'Autriche par Napoléon en 1805 qu'elle devint un royaume. Maximilien, un roi relativement normal, ayant aidé à vaincre les Français, fut autorisé, pour sa peine, à étendre les frontières du pays. Son fils Louis Ier lui succéda. Ce dernier fut à la fois un protecteur des arts[4] et un Don Juan notoire (il commanda une série de portraits de « célèbres

_____

4. Le mariage de Louis Ier fut l'occasion de la première fête de la Bière. Plus tard, la Bavière fit de l'adoption de sa loi sur la pureté de la bière une condition pour rejoindre l'Empire allemand.

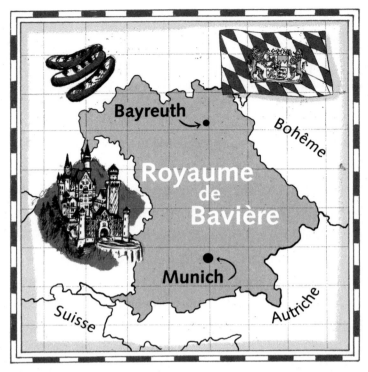

Population: environ 6,5 millions d'habitants (1910)
Capitale: Munich
Langues: bavarois, haut allemand

Monnaie: florin de Bavière, mark-or
Cause du décès: mauvais gènes et Bismarck
Situation actuelle: partie de l'Allemagne

beautés de l'époque ») et ce vieux coureur (61 ans) rencontra son égal en la personne de Lola Montès (28 ans).

Danseuse irlandaise se faisant passer pour une Andalouse exotique, Lola avait déjà écumé l'Europe, semant le chaos dans son sillage. Elle avait causé une émeute à Varsovie, choqué la haute société à Paris et s'était frottée à la police à Berlin. À son arrivée à Munich, elle se mit en ménage avec Louis et le persuada de libéraliser le pays[5], ce qui valut au monarque plusieurs ennemis parmi les aristocrates catholiques ultra-conservateurs. Au même moment, en 1848, une vague révolutionnaire déferla sur l'Europe, et Louis, assiégé de toutes parts, décida d'abdiquer, se doutant à juste titre qu'une paisible retraite consacrée au jardinage serait beaucoup plus amusante que la fonction de chef d'État.

Son fils Maximilien II s'efforça vaillamment de protéger le royaume des convoitises d'Otto von Bismarck, qui était à l'époque embarqué dans son grand projet : unifier l'Allemagne alors sous domination prussienne. Or, en 1864, le monarque mourut malencontreusement dans la fleur de l'âge, ce qui amena Louis II et sa volumineuse crinière sur le trône. Il serait injuste de dire qu'il ne se soucia pas de gouverner la Bavière – il y travailla plutôt dur – mais le cœur n'y était pas, vu que celui-ci ne battait que pour l'opéra. Plus spécifiquement pour les opéras du génial et terriblement antisémite Richard Wagner. Louis était son fan n° 1. Il fit bâtir pour son idole une salle de spectacle célèbre dans le monde

---

5. Après son séjour en Bavière, Lola s'installa en Californie, où des mineurs admiratifs lui lançaient, dit-on, des pépites d'or à la fin de ses numéros de danse.

entier, écrivit des tas de lettres au compositeur sans qu'aucune ne contînt la moindre blague, et faillit se ruiner dans la construction de châteaux de contes de fées (dessinés par le décorateur des opéras de Wagner). Des farceurs de l'époque se mirent à surnommer le musicien « Lola 2 ».

Condamné à se montrer aussi loyal avec le rusé Bismarck qu'envers l'Autriche, Louis ne caressait qu'un seul désir : s'enfuir en Suisse avec son copain musicien. Il choisit le mauvais camp lors de la guerre austro-prussienne et, en 1870, distrait par une rage de dents, n'eut d'autre choix que de rejoindre la victorieuse confédération de l'Allemagne du Nord[6] dominée par la Prusse. Il réussit tout de même à maintenir un certain degré d'indépendance à son royaume et garda le contrôle de son armée, des chemins de fer et du service postal ; il put du reste continuer à faire bâtir ses châteaux remarquablement kitsch.

Les efforts fournis pour essayer de piloter la Bavière au milieu des écueils politiques de l'époque commencèrent à l'atteindre. Selon les révisionnistes, Louis n'était pas aliéné au sens médical du terme : c'était ses médecins qui complotaient avec ses ennemis pour le laisser croire. Impossible de savoir ce qu'il en était véritablement, même si nul ne

---

6. Bismarck ne se rendit guère populaire auprès des Bavarois lorsqu'il les décrivit comme « à mi-chemin entre des Autrichiens et des êtres humains ».

conteste que son comportement de plus en plus erratique était inquiétant. Sans être fou, Louis n'en était pas moins un peu toqué. Ainsi exigea-t-il qu'on exécutât les gens qui éternuaient (ordre qui fut discrètement ignoré). Il tenta par ailleurs d'engager des bandits pour exécuter un plan bizarre : capturer le prince héritier de Prusse et « le faire enchaîner dans une grotte ». Il organisa aussi de coûteuses représentations théâtrales dont il était l'unique spectateur.

Ayant décidé que la coupe était pleine, des ministres soucieux ou des adversaires politiques (biffer la mention inutile) l'envoyèrent « en cure ». Enfermé au château de Berg, il sortit un soir faire une promenade nocturne avec son médecin. Les corps des deux hommes furent retrouvés un peu plus tard, flottant à la surface d'un lac des environs. Qu'il se fût agi d'un accident, d'un suicide ou d'un bon vieux meurtre, le royaume ne s'en remit pas. Le frère de Louis, Othon, hérita officiellement du titre, mais lui était *vraiment* fou et c'est son oncle Léopold qui assura la régence. Au cours des années qui suivirent, la Bavière glissa passivement dans les serres de l'Empire allemand, sans que personne ou presque ne s'en aperçût. Une fin plutôt décevante pour une dynastie qui s'était montrée si apte à défrayer la chronique.

ÎLES DE RAFRAÎCHISSEMENT

1811-1816

De nos jours, un panneau de bienvenue destinée aux visiteurs de Tristan da Cunha annonce qu'elle est « l'île la plus isolée du monde ». La terre la plus proche se trouvant à plus de 2 800 km, il ne s'agit pas d'une hyperbole de l'office du tourisme local. L'explorateur portugais Tristão da Cunha avait repéré ce confetti volcanique en 1506, mais il le jugea trop repoussant pour y jeter l'ancre. Il fallut attendre 1811 pour que le premier candidat à la résidence permanente se présentât : un jeune aventurier de Salem, ville du Massachusetts, nommé Jonathan Lambert[7].

Lambert fit le voyage sur un baleinier avec un chien et trois compagnons. Il avait promis à l'un d'eux, Thomas Currie, douze dollars espagnols par mois pour l'aider à fonder un nouveau pays. L'équipage débarqua dans un canot et Lambert revendiqua hardiment la possession des lieux « pour (lui) et (ses) héritiers, à jamais ! » Il décida aussitôt de chan-

---

7. Lambert se croyait le premier à débarquer sur l'île, mais la présence de cochons suggère que d'autres personnes, peut-être des marchands hollandais, avaient dû s'y arrêter, au moins brièvement.

Population : 4 habitants

Cause du décès : accident de bateau

Situation actuelle : Territoire britannique d'outre-mer

---

ger l'image de l'archipel, et de donner un nouveau nom, plus attractif, à Tristan da Cunha et à ses voisines balayées par les vents : les îles de Rafraîchissement. Car cet accommodant royaume se donna pour objectif de ravitailler les voyageurs de passage – « tous les navires, de quelque sorte et de quelque nation qu'ils soient, me rendront visite dans ce but ». Lambert bâtit donc une glorieuse station-service, mais à l'endroit le plus idiot qu'on pût imaginer : un coin obscur de l'Atlantique où les seuls bateaux de passage, aussi éloignés de la civilisation que possible, avaient plutôt tendance à se servir et à s'en aller sans payer[8].

Tout comme dans une authentique station-service, l'atmosphère y était sinistre. Les colons y massacraient de nombreux phoques dans l'espoir d'extraire de l'huile de leur graisse pour la vendre aux marins et ainsi s'acheter une nouvelle embarcation. Ils mangeaient beaucoup de navets, le seul aliment qui pût remplacer le pain en ces contrées. La vie était difficile. Puis, en 1812, un an après leur arrivée, Lambert et deux de ses compagnons disparurent : sans doute se noyèrent-ils à la suite d'une avarie de leur bateau alors qu'ils étaient partis pêcher. Thomas Currie, furieux de ne pas avoir été payé par son défunt patron, dut dès lors se débrouiller seul.

L'air bougon, le survivant raconta l'histoire de cette triste équipée aux Anglais lorsqu'ils débarquèrent quatre ans plus tard. Ceux-ci étaient venus transformer les lieux en

---

8. Aujourd'hui, l'archipel demeure à six jours de navigation de la terre la plus proche, l'Afrique du Sud.

base navale car ils s'inquiétaient que l'on pût s'en servir comme escale pour aider Napoléon à s'évader de Sainte-Hélène. Précaution plutôt excessive dans la mesure où l'île se trouvait à plus de 2 400 km de là, mais ils avaient retenu la leçon du fiasco d'Elbe (voir p. 86).

Avalées par l'Empire de Sa glorieuse Majesté, les îles de Rafraîchissement indépendantes cessèrent ainsi d'exister, mais ce nouveau statut permit le développement d'une communauté qui s'implanta avec un peu plus de succès[9]. De nos jours, l'archipel dispose même d'un code postal britannique. Toutefois, on y déplore plusieurs cas de rétinite pigmentaire, une maladie héréditaire conduisant peu à peu à la cécité : Tristan da Cunha démontre malheureusement par l'exemple en quoi l'appauvrissement du patrimoine génétique n'est pas une chance pour l'Humanité.

---

9. Évacuée dans le comté de Hampshire en 1961 après une éruption volcanique, la quasi-totalité de la population vota en faveur d'un retour sur l'île – la vie n'y est donc probablement pas aussi horrible que l'avait laissé entendre Currie.

ROYAUME DE CORSE

avril-novembre 1736

Theodor Stephan Freiherr von Neuhoff – « beau de corps et de visage » – laissa derrière lui de nombreuses dettes, inspira un opéra et deux romans, reçut des coups de poing de maris jaloux et fit à peu près tout ce qu'on pouvait espérer d'une sorte d'Errol Flynn du xviiie siècle.

Né dans une famille plus ou moins noble de Cologne, von Neuhoff s'engagea dans l'armée à l'âge de 17 ans, où il prit l'habitude de perdre beaucoup d'argent au jeu, ce qui fut une constante tout au long de sa vie[10]. Il fuit donc à travers l'Europe et, au passage, épousa l'une des cameristes de la reine d'Espagne à laquelle il déroba ses bijoux avant de gagner Paris où il investit son butin dans ce qui allait se révéler être l'une des premières bulles financières[11].

À 26 ans, von Neuhoff vivait sans le sou dans le sud de Londres. Il se cachait dans son lit pour éviter ses créditeurs,

---

10. Théodore payait ses créditeurs à l'aide de billets à ordre, lesquels, une fois ouverts, s'avéraient être des bouts de papier vierge.

11. La bulle du Mississippi sortit du cerveau de John Law, un banquier écossais qui inventa la plupart des mauvais tours que continuent de nous jouer, pour notre plus grand plaisir, les membres de sa profession : produits financiers ruineux, spéculation rampante et grotesques bulles immobilières – la sienne faillit ruiner la France.

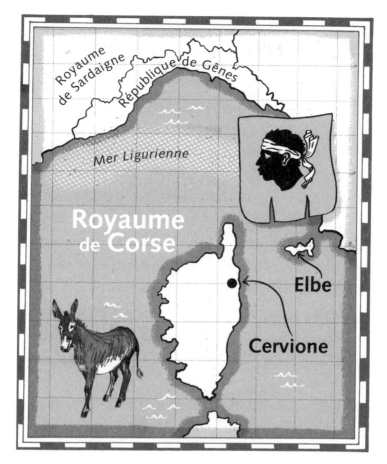

Capitale: Cervione
Langues: italien, corse, français, allemand
Monnaie: soldo

Cause du décès: querelles internes et lourdes dettes
Situation actuelle: partie de la France

lisait des livres sur les bandits de grand chemin et se passionnait pour l'alchimie. Il finit par quitter l'Angleterre et, une fois de retour sur le continent, eut une aventure avec une nonne. Il n'y avait alors rien de plus illicite qu'avoir une aventure avec une religieuse, à part être « magicothérapeute », aussi embrassa-t-il cette carrière : il prétendait pouvoir deviner les numéros de la loterie, exorciser les démons et concocter des élixirs d'amour[12]. C'est à Gênes, où il exerçait cette douteuse profession, qu'il fit la connaissance de rebelles corses. Ceux-ci voulaient se libérer du joug de Gênes et obtenir l'auto-détermination pour leur île. Tout le monde haïssait les Génois à l'époque, et les Corses avaient de bonnes raisons de ne pas les porter dans leur cœur, étant considérés par eux comme des barbares auxquels était enlevé le droit de pêcher et de chasser[13]. En partie charmé par l'idée romanesque de prêter mainforte à de courageux opprimés, mais surtout séduit par l'occasion de se lancer dans la contrebande du corail, Théodore accepta de les aider, à condition d'être sacré roi si tout se passait bien. Il emprunta de l'argent – car là résidait son plus grand talent – et acheta des armes pour la cause. Il chercha à nouer des alliances en Turquie et au Maroc où l'on se montra compréhensif à son égard, sans

---

12. Autres métiers exercés par Théodore : « virtuose », « enseignant de langues » et « connaisseur de tableaux ». Durant ses années d'exercice de la magicothérapie, il se faisait appeler « Baron von Syburg ».

13. Quelques années plus tard, Benito Mussolini tenta de justifier le traitement des Corses par les Génois – ce qui n'est certes pas une référence.

pour autant souhaiter se mêler à cette histoire. Il revint en Corse pour y revêtir son habit de roi tout neuf (robe bordée de fourrure, tricorne à plumet, canne dorée) et, soit par chance, soit grâce à des compétences de stratège insoupçonnées, réussit à repousser les Génois dans deux enclaves fortifiées.

Théodore prit dans la foulée plusieurs décisions : alléger les impôts, fonder une université et interdire à tout étranger (sauf lui) de monter sur le trône. Il mit fin à l'impopulaire tradition de l'*attacar*, suivant laquelle un homme qui touchait une femme, ou était vu seul en sa compagnie, devait l'épouser, quels que fussent les sentiments des parties concernées. Chose improbable : grâce à une bonne récolte, la Corse se retrouva mieux lotie avec son roi de pacotille que quiconque aurait pu l'augurer.

Mais cette île, célèbre pour ses vendettas[14], n'avait jamais été facile à gouverner et sans doute ne le sera-t-elle jamais. Un rebelle corse en particulier, Giacinto Paoli, avait le roi dans le nez. Par nature libéral, et gardant toujours un œil sur l'aspect financier d'une situation, Théodore avait proclamé la tolérance religieuse vis-à-vis des juifs. Or c'était aller trop loin pour Paoli et les conservateurs corses. Lors-

---

14. La Corse a aujourd'hui le plus haut taux d'homicide volontaire en Europe.

que les Génois placardèrent des affiches sur le passé sulfureux du monarque, Paoli se fit une joie d'attiser les rumeurs et le mécontentement. Théodore fut ainsi contraint de fuir, d'abord à Florence, puis à Amsterdam, où il continua de tenter de rassembler des fonds pour ne pas perdre la main sur son royaume.

Un soir, dans un pub d'Amsterdam, l'un de ses créditeurs reconnut von Neuhoff et la chance cessa dès lors de lui sourire. Sans la moindre vergogne, il proposa la Corse à l'Espagne si celle-ci acceptait de régler sa dette, mais l'Espagne refusa. Jeté dans une prison réservée aux mauvais payeurs[15], mais bonimenteur jusqu'au bout, Théodore réussit encore à publier un prospectus pour inciter les gens à investir dans ce qu'il faisait passer pour de fructueux marchés – l'huile d'olive, les amandes et les figues corses – bien que la cause fût perdue d'avance. S'il était vivant aujourd'hui, il lèverait à coup sûr des millions en bourse pour des centrifugeuses électriques sans intérêt.

---

15. Des années plus tard, alors qu'il était incarcéré en Angleterre, Théodore réussit à persuader les autorités de construire une prison plus confortable. Il mourut à Soho à l'âge de 62 ans, dans la misère mais libre.

ÉTAT DE MUSKOGEE

1799-1803

Au xvIII^e siècle, William Bowles, adolescent de 14 ans qui s'ennuyait dans le Maryland, s'engagea dans un régiment loyaliste pour combattre du côté anglais lors de la guerre d'Indépendance des États-Unis. Il trouva la vie militaire encore plus barbante que celle qu'il avait connue jusque-là et passa vite pour un type « totalement fou et indiscipliné ». Excédés par ses multiples retards, ses officiers le firent chasser de l'armée. Il courut se réfugier chez les autochtones d'Amérique. Il n'était pas le seul : des centaines de Blancs s'étaient mêlés aux populations locales, mais la dimension de ses rêves le rendit unique.

Bowles imagina « une nation entièrement nouvelle qui naîtrait des marais » et serait gouvernée par – non, ne laissez pas tomber votre monocle d'étonnement – William Bowles ! L'État serait appelé Muskogee, en référence aux Muscogees (ou Creeks), et le territoire de cette « nation indienne autonome » se situerait à l'endroit où la côte de l'actuelle Floride s'enfonce dans le golfe du Mexique. Les Creeks et les Cherokees pourraient s'y affranchir de la tutelle des Espagnols et de celle des Américains qui menaçaient de

État de **Muskogee**

Mikasuke

Floride

Population: environ 50 000 habitants
Capitale: Mikasuke
Cause du décès: double trahison

Langues: anglais, langues muskogéennes
Situation actuelle: partie de la Floride, États-Unis

les envahir. Pour conserver cette improbable indépendance, le pays prêterait serment de loyauté à l'Empire britannique, qui lui viendrait en aide si le besoin s'en faisait sentir. À noter : si votre plan implique de compter sur les Anglais à un moment ou à un autre, alors c'est un mauvais plan. On n'insistera jamais assez là-dessus.

Bowles quitta donc un jour sa femme creek pour se lancer dans une sorte de tournée de serrage de mains afin d'essayer de gagner des soutiens à sa cause. Il se rendit en Nouvelle-Écosse, aux Bahamas, au Québec et finalement à Londres, où il implora George III (qui n'avait pas encore perdu la boule) en se présentant comme le leader d'une nation indépendante et nombreuse[16]. Le Britannique haussa les épaules et prononça quelques mots vagues en guise d'approbation tacite. Satisfait, Bowles dessina alors un drapeau, parce que c'est ce que ce type de personnage s'empresse toujours de faire. En 1792, fort d'une bannière et d'une devise (« La liberté ou la mort ! »), il fit voile vers La Nouvelle-Orléans, dans l'intention de parlementer avec les Espagnols et de trouver ainsi un moyen d'éviter la guerre. Le gouverneur local l'écouta avec attention en hochant la tête et déclara que cela lui convenait parfaitement, puis il conseilla à Bowles de se rendre à Cuba pour s'adresser à une autorité légèrement supérieure à la sienne, histoire de sceller l'accord.

---

16. William Bowles s'attribua le titre de « directeur général et commandant en chef de la nation muskogee ».

C'était un piège. Dès son arrivée sur l'île, Bowles fut mis aux fers et expédié à Cadix. De là, on lui fit parcourir quelques milliers de kilomètres supplémentaires, jusqu'aux Philippines. Assez loin pour ne plus l'avoir dans les pattes, pensèrent les Espagnols. Mais Bowles n'était pas du genre à renoncer aussi facilement. Il emprunta dix livres et réussit à rejoindre Londres. Puis il trouva un bateau à destination de l'Amérique et, en 1800, retenta sa chance.

Bowles et trois cents Creeks s'emparèrent alors d'un fort espagnol et y hissèrent le drapeau qu'il avait dessiné. Puis il lança la construction de sa capitale, près de l'actuelle Tallahassee. Il dévoila ses audacieux projets : la création d'un journal et d'une université. Mais la nouvelle d'une trêve entre les Espagnols et les Anglais, ainsi que les doutes croissants des Creeks sur les capacités d'homme d'État du flamboyant Bowles, amenèrent ces derniers à lui retirer leur confiance. Ils passèrent un accord dans son dos : en échange de l'annulation de leurs dettes, ils le livreraient aux Espagnols.

Pour la seconde fois, Bowles se retrouva prisonnier à La Havane. Mais, ce coup-ci, plus question de s'évader : refusant de s'alimenter au motif qu'il en avait assez soupé, ce qui peut se comprendre, Bowles dépérit. Les Creeks ne se débrouillèrent pas vraiment mieux sans lui, vu que les

États-Unis fondirent bientôt sur leur territoire. La ville bâtie par Bowles et la nation qu'il avait essayé de guider furent anéanties par le génocidaire et futur président Andrew Jackson, lequel fit imprimer sa tête sur les billets de vingt dollars pour se récompenser de ses efforts.

RÉPUBLIQUE DE SONORA
1853-1854

En 1848, les États-Unis semblaient avoir cessé de s'étendre, ce qui irritait beaucoup d'Américains. L'expansion continuelle – la « destinée manifeste » – était en effet considérée comme un droit divin. Si le gouvernement n'était pas à la hauteur de la tâche, des individus ayant l'étoffe de héros devaient mettre leurs mains fortes et patriotiques à la pâte. C'était le temps des flibustiers, quand le terme faisait encore référence à des aventuriers portés sur le pillage et non à des politiciens pérorant pendant des heures[17]. Entra alors en scène William Walker – 1,57 m, pâle et filiforme –, « une personne peu avenante comme on n'en croise pas deux en une journée de marche ».

Walker avait déjà étudié le droit[18] et la médecine, et vu sa fiancée mourir de la fièvre jaune, lorsqu'il décida de partir s'installer dans l'Ouest, à San Francisco. Là, il réussit à se faire jeter en prison après avoir critiqué un juge dans

17. Aux États-Unis, les sénateurs « flibustiers » utilisent ce procédé pour retarder ou empêcher le vote d'une loi. *(NdT)*
18. S'étant révélé un vrai prodige à Nashville, dans le Tennessee, Walker, qui aimait voir du pays, suivit des cours à l'université d'Édimbourg, ainsi qu'à celle de Heidelberg.

Capitale : La Paz
Cause du décès : jamais prise au sérieux

Situation actuelle : partie du Mexique

un article. Il acquit une célébrité passagère à la suite d'un duel au cours duquel il fut blessé par deux balles de revolver, sans doute parce qu'il n'avait jamais possédé d'arme à feu et ne savait pas vraiment s'en servir.

Ne se laissant pas abattre pour autant, il se rendit dans la Sonora, une région sous contrôle des Mexicains, où il approcha le gouvernement avec une requête très simple : transformer l'endroit en colonie américaine. Un grand nombre de Mexicains avaient mis le cap au nord pour travailler en Californie, fit observer Walker, et la contrée était désormais sous la menace des Apaches. Il serait dans l'intérêt des Mexicains de lui laisser les coudées franches. Comme on pouvait s'y attendre, le Mexique n'épousa pas sa logique et refusa catégoriquement. Sans perdre un instant, Walker retourna à San Francisco, où il se mit à vendre des obligations au bénéfice de sa future nouvelle nation et à monter une armée. Ayant joué de malchance pendant la ruée vers l'or de 1848, des prospecteurs s'empressèrent de le rejoindre, car il leur avait promis des terres d'une richesse mirifique comme récompense.

La minuscule troupe de Walker – à peine une cinquantaine d'hommes – réussit à s'emparer de la ville de La Paz en Basse-Californie. L'œil aiguisé notera que La Paz se situait encore à quelques centaines de kilomètres de la Sonora, mais cela n'empêcha pas Walker de proclamer sa « grande victoire ». À San Francisco, la nouvelle défraya la chronique. Walker déclara alors sienne l'intégralité de la Basse-Californie, ce qui était un peu osé, pour ne pas dire insensé[19]. Les Mexicains attaquèrent sa nouvelle « capitale », Ensenada, mais furent repoussés. Malheureusement pour Walker, son unique bateau leva l'ancre sans prévenir (le capitaine pourrait avoir été acheté par des prisonniers qu'il détenait à bord) et l'aventurier se retrouva sans provisions. La situation, qui était déjà risible, devint franchement grotesque, mais Walker n'en eut cure. Il prit la direction de l'est et, sans avoir fait la moindre conquête militaire significative, annonça l'annexion de la région, qu'il baptisa République de Sonora, avant de se nommer président.

La maladie, les désertions et les bandits réduisirent rapidement sa minuscule armée à une petite trentaine d'hommes. Même pour un type des plus sûrs de lui – Walker n'avait rien à envier à Tom Cruise sur ce point –, force est de constater qu'on ne peut pas tenir un pays avec trente soldats. À contrecœur, il ramena ses troupes au fort américain de San Diego, un abri relatif. C'est là qu'il fut arrêté, car fonder des pays en violation directe des traités internationaux est foncièrement illégal. Mais lors de son procès, il ne fallut que huit minutes aux jurés pour l'acquitter – ce qui reflète l'esprit de l'époque.

---

19. Un journal de l'époque demanda négligemment pourquoi Walker ne s'était pas simplifié la vie en annonçant avoir conquis la totalité du Mexique pendant qu'il y était.

Sans doute lui auraient-ils rendu service s'ils s'étaient montrés moins cléments. Ayant pris goût à la flibuste, Walker tenta plus tard le même coup au Nicaragua[20]. Une fois de plus, il réussit à devenir président, fit tout capoter, fut arrêté, réexpédié aux États-Unis, jugé et instantanément acquitté. Un homme plus simple ou plus sensé aurait sans doute alors mis un point final à ses aventures. Pas Walker. Son dernier et fatal essai, le troisième, le vit échouer au Honduras. Et quand tout alla de nouveau de travers, il se retrouva face à un peloton d'exécution hondurien en lieu et place d'un jury américain. Il n'avait que 36 ans.

---

20. Après une défaite militaire à Rivas, au Nicaragua, il empoisonna délibérément les puits d'eau des environs avec des cadavres, déclenchant une épidémie de choléra qui fit des milliers de victimes.

ROYAUME D'ARAUCANIE
ET DE PATAGONIE

1860-1862

Les peuples autochtones mapuches ne furent pas bien traités par les nouveaux venus qui envahirent l'Amérique australe – un constat si évident que l'on peut se demander si cela vaut la peine de le rappeler. Ils avaient fait de leur mieux pour tenir à distance les Incas, puis les Espagnols, mais la création d'un Chili indépendant au milieu du xixe siècle s'avéra désastreuse pour eux. Les Mapuches furent déplacés et se retrouvèrent apatrides. Il leur fallait donc un avocat français rusé. Enfin, c'est ce que qu'un avocat français rusé nommé Orélie-Antoine de Tounens estima. Un avocat français rusé qui pourrait devenir leur roi par la même occasion.

En 1858, Tounens lut un poème épique du xvie siècle sur la conquête du Chili et l'aima tant qu'il décida d'emprunter 25 000 francs et de prendre la mer pour commencer une nouvelle vie dans les Andes[21]. Il arriva à Coquimbo, port

---

21. Tounens avait de grands projets dès le départ : « Étant obligé de choisir une profession, écrivit-il, je décidai rapidement d'étudier le droit, avec pour seul objectif de me préparer à mes futurs devoirs royaux. »

Capitale : Perquenco
(hypothétiquement)
Langue : mapudungu
(hypothétiquement)

Cause du décès : folie
du prétendant au trône
Aujourd'hui : partie du Chili
et de l'Argentine

---

animé, cerné de collines rocheuses, et se mit à apprendre l'espagnol. Il s'acheta un poncho pour compléter son look de magicien raté. Après avoir traîné deux ans dans ces parages, il réussit à obtenir un rendez-vous avec un groupe de chefs mapuches. Le marché qu'il leur proposa était des plus simples : le Chili n'ayant légalement aucun droit sur leur territoire, il plaiderait leur cause, les aiderait à se procurer des armes et gagnerait le soutien de la France ; en échange, il serait élu Grand Toqui, chef suprême des Mapuches. On ne sait pas vraiment jusqu'à quel point les indigènes approuvèrent la chose, mais peu de temps après, Tounens rédigea un décret qu'il fit paraître dans les journaux chiliens : il s'agissait ni plus ni moins de la déclaration d'indépendance de l'Araucanie et de la Patagonie.

Il supposait que les Français, dont l'Empire s'amenuisait à vue d'œil, accepteraient d'aider ce nouvel allié potentiel à prendre pied dans le sud du continent américain. Il n'en fut rien. Lorsque Tounens essaya de lever une armée, les forces chiliennes le capturèrent. Il fut jeté en prison puis enfermé dans un asile de fous. Le consul de France parvint à le faire libérer et il fut renvoyé au pays.

Une cour de justice parisienne jugea infondées ses prétentions sur le royaume et partagea l'avis du Chili sur son aliénation mentale. Les décrets royaux qu'il avait fait signer à des ministres inexistants – Lachaise et Desfontaines – n'arrangèrent pas son cas. Refusant de s'avouer vaincu, Tounens lança un journal araucanien, *La Couronne d'acier*, et ne tarda pas à tenter de rejoindre son royaume. Malgré son faux passeport, les autorités chiliennes l'identifièrent dès son arrivée. Elles le déportèrent une deuxième fois. Lors de sa dernière tentative de gagner l'Araucanie, il se fit détrousser avant d'être de nouveau arrêté. Il tomba gravement malade et dut rentrer en France une fois encore.

En 1872, Tounens fit paraître une annonce : il cherchait une fiancée, « une jeune fille qui accepterait de partager (son) destin... pour pouvoir engendrer un héritier ». Cette douce proposition n'eut pas les résultats escomptés : il mourut en 1878 le moral en berne, sans avoir été reconnu comme roi, après avoir choisi pour héritier un vendeur de champagne itinérant qu'il avait rencontré au cours de l'un de ses voyages.

Depuis lors, la couronne d'Araucanie a régulièrement changé de mains et, tandis que les « successeurs » d'Orélie-Antoine Ier se disputent au sujet d'un titre inexistant, les Mapuches continuent de se battre pour leur pays et leurs droits. Étant donné que nous autres sommes accros à nos téléphones portables et que leurs terres ancestrales regorgent de lithium, leurs chances de succès sont plutôt minces.

ROYAUME CÉLESTE
DE LA GRANDE PAIX
1851-1864

En 1964, Pepsi abandonna son slogan : « Les gens sociables préfèrent Pepsi » au profit du plus lisse : « Soyez vivant ! Faites partie de la génération Pepsi ! » Quand la marque exporta sa campagne publicitaire en Chine, son agence de marketing le traduisit par la formule osée mais trompeuse : « Pepsi fait sortir vos ancêtres de leurs tombes ! » Même si cette histoire n'est pas aussi apocryphe qu'il n'y paraît, il ne s'agit certainement pas du cas le plus extrême de malentendu causé par un problème de traduction entre l'Est et l'Ouest. Pour cela, il faut revenir à la première moitié du XIXᵉ siècle et à une erreur qui mena à la plus sanglante guerre civile de l'Histoire.

Hong Xiuquan brûlait de devenir fonctionnaire. Or, pour y parvenir, il devait passer un examen dans une grande ville. La première fois, il échoua. La deuxième fois, il échoua également mais, en sortant de la salle d'examen, quelqu'un lui tendit une brochure chrétienne : une traduction un peu brouillonne des meilleurs passages de la Bible avec quelques démons en plus. Hong ne la lut pas vraiment de bout

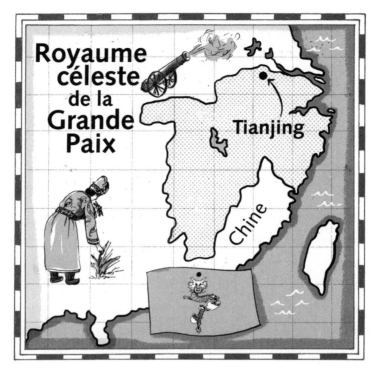

Population : 30 millions d'habitants (au maximum de son peuplement)
Capitale : Tianjing (devenue Nanjing)

Monnaie : shengbao
Cause du décès : prophète non fiable
Situation actuelle : partie de la Chine

en bout. Néanmoins, sur la page du sommaire, il aperçut un symbole qu'il reconnut : le caractère chinois représentant son propre nom. Par un phénomène de malchance cosmique, *hong* signifie « déluge » et il découvrit que son homonyme avait « détruit toutes choses vivantes sur la Terre ».

Lorsqu'il rata son examen pour la troisième fois, Hong fit ce que l'on appellerait probablement aujourd'hui une profonde dépression nerveuse. Alité, il eut la vision fiévreuse d'un homme barbu lui donnant une épée. Il se replongea dans la brochure, et des fragments confus de son rêve et des récits bibliques se mélangèrent alors dans son esprit. Il en résulta que Hong, brûlant quelques étapes logiques, en conclut qu'il devait être le frère cadet chinois de Jésus et que sa mission consistait à débarrasser le monde des démons.

La rumeur se répandit rapidement dans la population fébrile[22] et Hong, désormais connu comme le « Dieu des Adorateurs », devint l'objet d'un culte passionné. Bien plus tard, après avoir gommé la dimension fanatique du mouvement, Mao y vit la première révolte de travailleurs, ce qu'elle fut jusqu'à un certain point[23]. Les « démons » que Hong croyait devoir vaincre prirent la forme de l'oppressive dynastie Qing. Convaincu de son destin, il rassembla une armée qui réussit à gagner une série de batailles toujours plus sanglantes, dont le point culminant fut la capture de

---

22. Détail important pour comprendre le contexte : la Première Guerre de l'Opium contre les dealers britanniques avait sérieusement ébranlé les Chinois.
23. Hong enseignait notamment l'égalité des sexes (bien qu'ils dussent être séparés) et la mise en commun des ressources du peuple, points que Mao retint.

la ville de Nanjing. C'est là que Hong établit la capitale de son Royaume céleste de la Grande Paix.

Mais les Qing répliquèrent. Peu à peu, les Adorateurs du dieu Hong perdirent du terrain dans ce qui était devenu une « guerre totale », n'épargnant ni les civils ni les militaires[24]. En 1864, la capitale du Royaume céleste se trouva complètement encerclée. Les combats se poursuivirent sous terre : les troupes des Qing creusèrent des tunnels sous les remparts impénétrables de la cité pendant que les Adorateurs de Dieu creusaient des contre-tunnels dans l'espoir d'inonder les galeries ennemies avec leurs eaux usées.

À l'intérieur de la ville assiégée, la famine menaçait. Mais Hong, imperturbable, dit à ses fidèles de ne pas s'inquiéter : désormais, ils se nourriraient de « manne ». Il ne se soucia jamais de définir la nature exacte de cette substance magique, il se mit simplement à manger les mauvaises herbes qui périssaient dans les jardins du palais. Comme on pouvait s'y attendre, il tomba rapidement malade car la végétation pourrie produit généralement cet effet.

Vingt jours plus tard, il passa de vie à trépas.

Peu après son décès, le général des Qing, Zeng Guofan, fit exploser plusieurs bombes dans les tunnels et les murs

---

24. Les estimations du nombre de morts sont variées, mais les plus prudentes font état de 20 millions de victimes. Les 100 millions auraient pu être atteints.

de Nanjing s'effondrèrent. Pour marquer l'événement, et se repaître de leur victoire, les Qing exhumèrent le cadavre de Hong, le décapitèrent, brûlèrent ses restes et dispersèrent ses cendres d'un coup de canon. Même le frère cadet de Jésus ne pouvait pas revenir après un truc pareil[25].

---

25. Toutefois, il fallut attendre sept ans après la mort de Hong pour voir s'effacer les derniers vestiges des Adorateurs de Dieu.

RAPA NUI
(ÎLE DE PÂQUES)

vers 1200-1888

En 1866, un navire jeta l'ancre à l'île de Pâques avec, à son bord, deux missionnaires qui étaient malheureusement accompagnés par un ancien trafiquant d'armes doublé d'un tueur psychopathe nommé Jean-Baptiste Dutrou-Bornier. En moins de douze ans, celui-ci allait se proclamer roi, éliminer la plus grande partie de la population et transformer toute l'île en ferme d'élevage de moutons.

Chez les autochtones de Rapa Nui, les mythes des origines évoquent un être primitif appelé Make Make qui ne réussit à s'accoupler ni avec une citrouille, ni avec une pierre, mais eut plus de chance avec une motte de terre, de laquelle sortit un humain.

La datation au carbone 14 et l'analyse de l'ADN mitochondrial suggèrent une origine polynésienne plus récente des Rapa Nui, qui semblent avoir débarqué sur l'île il y a environ huit siècles. Ces premiers colons se seraient vite divisés en deux clans guerriers : les Tu'u à l'ouest et les 'Oto 'Itu à l'est.

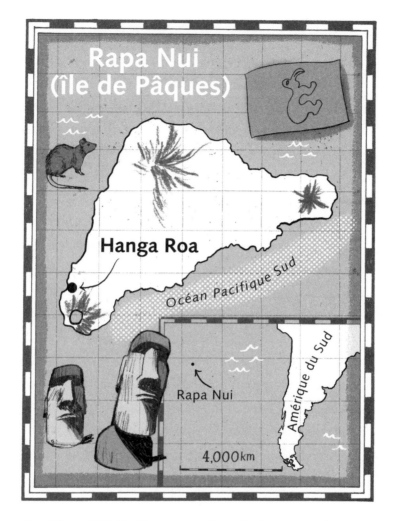

Rapa Nui
(île de Pâques)

Hanga Roa

Océan Pacifique Sud

Rapa Nui

Amérique du Sud

4,000 km

Population : 12 000 habitants (au plus fort du peuplement)
Capitale : pas une capitale en tant que telle, mais Hanga Roa est la baie principale
Langage : rapa nui

Cause du décès : un mélange de rats, de maladies, d'inconséquence et de damnés Européens
Aujourd'hui : partie du Chili

Chaque clan érigea ses propres *moai*[26], ces fameuses sculptures représentant des têtes de géant, et fit de son mieux pour ruiner les efforts de l'ennemi. Même quand ils sont coincés au milieu de l'océan, les humains trouvent toujours le moyen de se disputer avec environ 50 % de leurs voisins sur un sujet inepte.

Par ailleurs, ils sont aussi doués pour détruire leur environnement, ce que les Rapa Nui démontrèrent avec succès. Ils abattirent les arbres à un rythme prodigieux. Ils auraient pu limiter la casse s'ils n'avaient accidentellement importé des rats polynésiens sur l'île. Les rongeurs dévorèrent toutes les noix qui auraient pu donner naissance à de nouveaux cocotiers du Chili. L'herbe remplaça le bois comme combustible, la population déclina, les oiseaux de mer disparurent et l'Éden se désertifia[27]. Mais cette époque se révéla relativement dorée comparée à ce qui allait suivre.

Au XIXᵉ siècle, des trafiquants d'esclaves venus du Pérou s'en prirent aux insulaires et capturèrent la moitié de la population. La tuberculose et la petite vérole s'ajoutèrent aux malheurs des Rapa Nui et les Britanniques chipèrent

---

26. « El Gigante » est un *moai* inachevé qui aurait atteint 20 m de haut si les insulaires avaient été capables de le faire tenir debout.
27. Toutefois, certaines recherches archéologiques récentes suggèrent que les Rapa Nui se seraient mieux débrouillés qu'on ne l'avait supposé avant l'arrivée des Européens.

deux statues sacrées. Puis déboulèrent les deux missionnaires avec leur capitaine, un certain Dutrou-Bornier. Animé
d'un zèle mégalomaniaque, celui-ci entreprit de semer la
terreur. Il commença par s'essayer au trafic d'esclaves lui
aussi. Puis il se mit à acheter l'île fragment par fragment et
y hissa son propre drapeau. Il kidnappa plusieurs femmes
et choisit l'une d'elles, Koreto, comme « épouse ». Sur les
actes de vente des terres qu'il s'appropriait, la dame était
désignée comme « la reine de l'île de Pâques ».

Lorsque les deux missionnaires tentèrent de l'arrêter, il
les attaqua. Les insulaires envoyèrent une lettre à l'évêque
de Tahiti pour lui demander d'intervenir – c'était la première fois qu'ils sollicitaient une aide extérieure. L'évêque
pria la marine française de s'en mêler, mais celle-ci ne se
dérangea pas. Les missionnaires s'enfuirent avec autant
d'insulaires qu'ils purent en embarquer sur leur bateau.
Dutrou-Bornier se mit alors à bâtir sa ferme d'élevage de
moutons.

Les derniers Rapa Nui présents prirent finalement les
choses en main. Un petit groupe tendit une embuscade au
despote[28] et le tua, mais le mal était déjà fait. Au moment

---

28. L'événement qui aurait soi-disant mené au meurtre de Dutrou-Bornier
serait une dispute au sujet de la piètre qualité de l'une des robes de la reine
Koreto.

de sa mort, il ne restait plus que cent dix habitants sur l'île, dont vingt-six femmes. Peu après, le Chili – un pays distant de plus de 3 200 km sans un seul habitant polynésien – décida de revendiquer ses droits douteux sur les lieux. Il usa d'un vieux truc contractuel : la version chilienne du traité qui fut signé stipule que Rapa Nui deviendrait une partie du territoire du Chili, alors que celle des insulaires ne présente le Chili que comme « un ami de l'île ».

PRINCIPAUTÉ DE TRINIDAD

1893-1895

Il y a la jolie Trinidad que tout le monde connaît, celle des Caraïbes avec ses plages et ses cocotiers, et puis il y a l'autre, qui souffre cruellement de la comparaison : une île de l'Atlantique au large de la côte brésilienne, parsemée de rochers déchiquetés, de crabes maussades et parfois de quelques tortues.

C'est cette Trinidad de moindre intérêt qui attira l'attention de James Harden-Hickey. Né en 1854 à San Francisco mais ayant grandi dans un Paris républicain, Harden-Hickey se passionnait pour tout ce qui touchait à la royauté, à la manière des collectionneurs d'assiettes commémoratives à l'effigie de la princesse Diana. Il y lança un journal si férocement monarchiste que cela lui valut de nombreux duels et des dizaines de procès. En 1880, il avait déjà publié onze romans (dont certaines intrigues avaient été « empruntées » à Jules Verne), pour la plupart d'un ton profondément antidémocratique. Il écrivit aussi un livre sur l'esthétique du suicide incluant une liste de poisons.

Alors qu'il se rendait au Tibet par un chemin des plus détournés, après avoir été expulsé de France à la suite des

Population: 0 habitant
Cause du décès: le téléphone

Situation actuelle: partie du Brésil

---

nombreuses actions en justice lancées contre lui, Harden-Hickey repéra une île minuscule au milieu de l'Atlantique. Autant qu'on pouvait en juger, personne n'avait encore pensé à la revendiquer. Aux yeux d'un contempteur de la démocratie, l'occasion était trop belle pour être ignorée: il se proclama James Ier, prince de Trinidad.

Cette « principauté » avait déjà un bout d'histoire derrière elle. Les Portugais avaient tenté de s'y installer trois siècles plus tôt, mais avaient fini par renoncer, considérant que le jeu n'en valait pas la chandelle. Une rumeur persistante au sujet d'un trésor enfoui dans l'île avait donné lieu à plusieurs expéditions[29], sans qu'aucune ne débouchât sur la moindre découverte.

Mais Harden-Hickey était déterminé à faire exister ce caillou sur la carte. En partie soutenu financièrement par son beau-père industriel, dont James ne cessait de se plaindre, ce qui peut sembler un peu injuste vu la tolérance avec laquelle celui-ci considérait les plans stupides de son gendre, le prince ouvrit une ambassade à New York et se fit fabriquer une couronne tape-à-l'œil par un joaillier. Il tenta de lever des fonds supplémentaires en créant un ordre de chevalerie : les obligations, vendues deux cents dollars l'unité, donnaient libre accès au nouveau royaume.

Malheureusement pour son grand projet, en 1895, les télécommunications avaient commencé à prendre de l'ampleur, et les Anglais déroulèrent un câble transatlan-

---

29. Probablement des fariboles : cette histoire de trésor est tellement truffée de clichés de pirates (la confidence du vieux loup de mer à l'article de la mort, etc., etc.) qu'il est surprenant que quiconque l'ait prise suffisamment au sérieux pour se lancer à sa recherche. Ce fut pourtant plusieurs fois le cas et le rapport de l'une de ces expéditions précise : « [J'examinai] les vastes tranchées, les monticules de terre, les rochers délogés, ainsi que les brouettes cassées, les billots de bois, les outils usés et autres reliques éparpillées sur le sol de notre séjour de trois mois ; et il était triste de penser que ces hommes avaient dépensé toute cette énergie en vain. »

tique jusqu'au Brésil. Trinidad se trouvant être un lieu commode où faire escale, la couronne britannique revendiqua donc l'île[30]. Brusquement déposé, le prince écrivit des lettres furibardes depuis son ambassade de New York[31] pour dénoncer ce coup de force impérialiste. Mais cette fois-ci, l'excessivement généreux beau-père refusa de financer un plan de vengeance ridicule : l'invasion de l'Angleterre depuis l'Irlande. Aussi Harden-Hickey sombra-t-il dans une profonde dépression. En 1898, largement moqué par la presse, il réserva une chambre dans un hôtel d'El Paso, au Texas, et s'y suicida en se servant d'un des poisons proposés dans son livre. Le *Los Angeles Herald* constata d'un ton morne : « Le baron Harden-Hickey a choisi d'être un défunt gentilhomme. »

---

30. La revendication britannique s'appuyait sur un fait discutable : l'astronome anglais Edmond Halley aurait visité l'île en 1700. La tentative d'appropriation des Anglais échoua et ce fut le Brésil qui annexa Trinidad en 1897. C'est aujourd'hui une base navale brésilienne.
31. L'ambassade new-yorkaise de Hickey est aujourd'hui une boutique de mode.

ÉTAT LIBRE DU CARNARO
(ENTREPRISE DE FIUME)

1919-1920

À la fin de la Première Guerre mondiale, les quatre grandes puissances redessinèrent la carte de l'Europe dans l'intention de prévenir de nouveaux troubles dans les Balkans, ce qui s'avéra, comme on le sait, être un franc succès... La cité de Fiume, où l'on parlait surtout l'italien, se retrouva intégrée à la toute nouvelle Yougoslavie. Le président américain Woodrow Wilson songea à y installer le siège de la Société des Nations, mais le poète italien Gabriele D'Annunzio – spécialiste de l'autopromotion, prétendu nécromancien et coureur de jupons aux dents pourries – ne l'entendit pas de cette oreille.

« Les sourcils formaient une ligne si pure qu'elle donnait quelque chose de vaguement virginal à la mélancolie de ses grands yeux. La magnifique bouche entrouverte. » Ainsi Gabriele D'Annunzio décrivit-il *son propre visage*. Ernest Hemingway a lui aussi dressé son portrait mais, comme à son habitude, il se montre plus concis : selon lui, D'Annunzio était essentiellement « un con ». Éléments d'information corroborant l'opinion d'Hemingway :

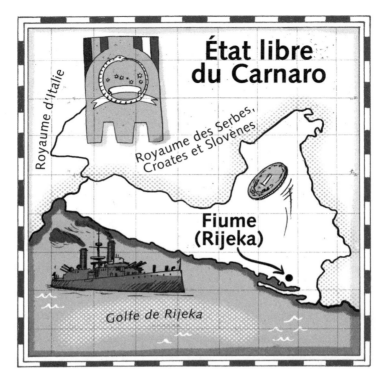

État libre du Carnaro

Royaume d'Italie

Royaume des Serbes, Croates et Slovènes

Fiume (Rijeka)

Golfe de Rijeka

Population: 60 000 habitants
Langues: italien, hongrois, allemand, vénitien

Cause du décès: pile (et non face)
Situation actuelle: partie de la Croatie

• Les enfants de D'Annunzio n'avaient pas la permission de l'appeler « papa », mais « maestro ».

• D'Annunzio annula un déjeuner en envoyant son chauffeur expliquer « qu'il était monté dans un ballon dirigeable et n'était sans doute pas près de revenir ».

• Il a peu ou prou inventé tous les signes extérieurs du fascisme encore en usage aujourd'hui.

En septembre 1919, D'Annunzio entra dans la ville de Fiume à la tête de ses « légionnaires », un groupe de fans ultra-violents portés sur la piraterie. Les soldats italiens, qui avaient reçu l'ordre express de les arrêter, haussèrent les épaules comme pour dire : « C'est pas de notre ressort » – et les laissèrent passer. Ardent nationaliste, D'Annunzio projetait de revendiquer Fiume au nom de l'Italie, mais l'Italie – du moins le gouvernement du Premier ministre Francesco Nitti – refusa de prendre la moindre part à ce cirque. S'étant emparé de la cité, le poète se retrouva donc en charge d'un minuscule fief dont il décida de faire un « phare pour le monde ». Ce qui pourrait être traduit par « un tas de glaces à la crème et de désordre aux frontières ».

Si D'Annunzio nourrissait une véritable passion pour les torpilles et trouvait la mort sexy, on ne peut pas dire que sa philosophie politique était d'une grande cohérence, bien qu'il adorât l'exposer. Il produisait des décrets et des proclamations qu'il faisait afficher dans les rues de la ville. Changeant d'avis en cours de journée, il en publiait de nouveaux qui contredisaient les précédents. Parce qu'il était dingue des fleurs, il exigeait qu'on en mette partout. Si l'on voulait bien ignorer les lynchages occasionnels et que l'on n'avait rien contre les discours interminables truffés de formules ampoulées que ne tarderaient pas à adopter les dictateurs du monde entier, la vie à Fiume était une fête. D'Annunzio nomma même un as de l'aviation de la Première Guerre mondiale, Guido Keller, au poste de « secrétaire d'État à l'action ». Keller, naturiste convaincu, passait l'essentiel de son temps dans le plus simple appareil et partageait sa couche avec un aigle apprivoisé. Selon la légende, il dut un jour se poser en catastrophe dans un pré, juste à côté d'un âne. Il eut le coup de foudre pour l'animal, l'attacha au fuselage de son avion et le ramena par les airs à Fiume pour l'offrir à son patron.

Après plus d'un an de ces gamineries, la situation s'assombrit quand un vaisseau de guerre italien, qui mouillait dans la baie, se mit à bombarder le palais de D'Annunzio. Celui-ci devait réagir. Il montra alors ce profond sens des responsabilités, digne d'une grande personne, qui avait fait sa célébrité : il jeta une pièce en l'air et, comme elle tomba du côté pile, il décida d'arrêter les frais. Le destin de son Entreprise de Fiume (« Impresa di Fiume ») se joua donc à pile ou face.

L'État libre de Fiume, ainsi qu'il avait été rebaptisé, vivota encore trois ans sans lui[32]. De son côté, D'Annunzio se

---

32. Après D'Annunzio, Fiume ne connut guère de paix : d'abord morcelée par l'Italie et la Yougoslavie, elle fut ensuite occupée par les Allemands, avant d'être rendue à la Yougoslavie. Elle fait aujourd'hui partie de la Croatie (son nom croate est Rijeka).

retira dans sa spectaculaire et très bizarre demeure qui surplombe le lac de Garde. C'est là qu'il reçut les cadeaux dont le couvrait Mussolini pour qu'il se tienne tranquille (le Duce opérait selon le principe qu'il fallait « arracher la dent ou la couronner d'or »). En 1938, assis devant son bureau, le poète mourut d'une hémorragie cérébrale. Ou peut-être fut-il empoisonné par sa maîtresse, une espionne nazie qu'on lui avait jetée dans les bras pour le surveiller. La vérité est trouble, comme elle le fut presque tout au long de la vie de D'Annunzio[33].

---

33. D'Annunzio se plaisait à répandre des légendes sur son compte. Ainsi, par exemple, au cours de dîners qu'il organisait, il prétendait que les enfants avaient le goût de l'agneau, mais on est presque certain qu'il ne mangeait pas de gigots de marmots.

ROYAUME DES SEDANGS

1888-1890

Étrangement, un profil psychologique revient souvent chez les fondateurs de pays : père mort / élevé par une mère trop aimante / notoirement infidèle / passage dans l'armée ou la marine / écrivain ou journaliste / pas fiable dès qu'il est question d'argent / fantaisiste. Ces signes particuliers pourraient tous plus ou moins décrire D'Annunzio, James Harden-Hickey, Théodore von Neuhoff[34] ou notre spécimen n° 4 : Marie-Charles David de Mayréna.

Décoré de la Légion d'honneur pour acte de bravoure pendant la Guerre franco-allemande de 1870, Mayréna n'en fut pas moins accusé d'escroquerie en 1883. Il s'enfuit alors en Hollande, puis aux Indes néerlandaises, d'où il fut rapatrié de force. Pas découragé pour autant, il remit bientôt le cap à l'Est, s'étant vu confier trente mille francs pour diriger une expédition dans une partie de l'île de Java encore inexplorée – même s'il était bien la dernière personne à qui confier une somme pareille. Il n'alla pas plus loin que Saigon, où il mena la grande vie dans les cafés, raconta des histoires à dormir debout et dépensa tout l'argent de l'ex-

---

34. Voir respectivement p. 65, p. 61 et p. 32

pédition. La police locale ouvrit donc une enquête à son sujet.

Au cours des années suivantes, il effectua plusieurs incursions dans l'intérieur de l'Indochine, soi-disant pour négocier avec les indigènes au nom de la France. En 1888, il débarqua sur la côte de Quy Nhon, dans l'actuel Vietnam. Diverses tribus y pratiquaient une forme d'agriculture primitive et y vivaient dans des villages bâtis autour de *rongs*, des maisons sur pilotis, au toit de chaume en forme de fer de hache.

Dans l'une d'elles, Mayréna signa un traité avec une brochette de chefs locaux, ce qui lui permit d'unir des groupes disparates en une confédération. Mais au lieu de proclamer sa loyauté à la France, cette confédération jura fidélité à Marie Ier, roi des Sedangs. Comment et pourquoi elle en arriva là, cela reste obscur. Certains l'expliquent par les « talents de prestidigitateur » du Français (oui, il connaissait quelques tours de magie). Il imposa une sorte de cancan comme hymne national et le catholicisme comme religion officielle, bien qu'il se fût lui-même converti à l'islam pour garder la possibilité d'avoir plusieurs épouses.

Le roi Marie se rendit à Hong Kong pour faire de l'esbroufe et lever quelques fonds. Au début, la presse locale

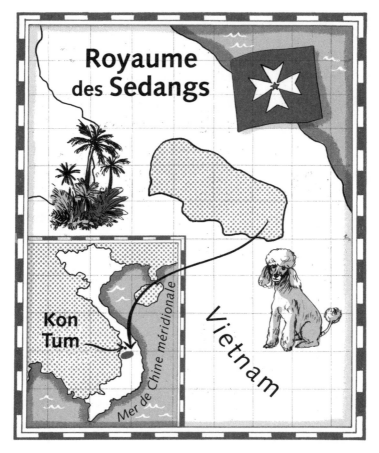

Population : inconnue
Capitale : Kon Tum
Langues : sedang, français

Cause du décès : un roi plus qu'à moitié louche
Situation actuelle : partie du Vietnam

---

but ses paroles comme du petit-lait, impressionnée par son charme et ses tenues flamboyantes. Mais des rumeurs ne tardèrent pas à circuler sur son compte. Des tailleurs de l'île le harcelèrent pour qu'il règle les factures effarantes de ses uniformes de personnage de bande dessinée. Sa réputation mise à mal, il prit la direction de Paris, où – autre point que partagent les fondateurs de pays – il essaya de monnayer des titres honorifiques. En plusieurs occasions, il tenta aussi de vendre son royaume à la France[35], à l'Angleterre et à la Prusse, mais aucune de ces nations ne se montra intéressée.

Il finit tout de même par trouver un pigeon : un très riche industriel belge, obsédé par les titres, que Marie Ier se réjouit de faire pleuvoir sur lui.

Cette opération finança son billet retour en Indochine, mais, lors d'une escale à Singapour, il apprit que la France revendiquait désormais son royaume et la contrée environnante, et avait décrété le blocus du port le plus proche. Craignant d'être à nouveau extradé (en raison de ses anciennes escroqueries, et de la manière discutable et un tantinet fallacieuse avec laquelle il avait conduit ses « négociations »), il décida de rentrer dans son fief.

Mais il n'alla pas aussi loin, échouant sur l'île de Tioman, dans la mer de Chine du Sud. Et c'est là, dans une simple

35. Pour être exact, il essaya de faire chanter les Français en menaçant de vendre le royaume des Sedangs aux Britanniques si ses compatriotes ne le lui achetaient pas. Cela n'accrut sa popularité ni auprès des uns ni auprès des autres.

cabane, qu'il passa le reste de sa vie, en compagnie d'un collecteur de nids d'oiseaux. La peur paranoïaque d'être assassiné grandit en lui jusqu'au jour où, promenant son caniche Auguste[36], il fut mordu par un serpent au venin mortel[37].

---

36. « Les autochtones vous montreront des quadrupèdes à l'aspect étrange, à mi-chemin du paria et du caniche, avant de vous expliquer avec fierté qu'il s'agit de chiens français ; et ces frustes descendants du bien-aimé et redoutable Auguste sont les seules traces laissées sur cette petite île enchanteresse par celui qui l'avait choisie pour refuge : Marie-Charles David de Mayréna, roi des Sedangs. » Sir Hugh Clifford, *Héros de l'exil* (1906)
37. Des récits contradictoires de l'époque suggèrent que la mort de Marie Iᵉʳ aurait pu être causée par un duel ou un empoisonnement. Il est donc possible qu'il n'ait pas été aussi paranoïaque que ça.

erreurs
et
micronations

RÉPUBLIQUE DE COSPAIA

1440-1826

Les choses allaient mal pour le pape Eugène IV. Plusieurs années de décisions politiques calamiteuses, d'accusations de corruption et de favoritisme, de querelles avaient conduit un tas de hauts représentants de l'Église à adopter la réplique préférée du père Ted[1] quand il cherche à éluder une question embarrassante : « Ça pourrait être un sujet œcuménique. » Autrement dit, ils considéraient que le pape ne devait pas endosser toutes les responsabilités et qu'il lui fallait s'appuyer sur un conseil œcuménique d'experts. Eugène, qui appréciait d'être seul à porter la parole de Dieu, voyait les choses différemment.

Les luttes de pouvoir sans pitié entre ecclésiastiques coûtent cher, et Eugène manquait cruellement de fonds. Aussi agit-il comme n'importe quel fauché : il se rendit, en ce XVe siècle, dans l'équivalent du mont-de-piété de l'époque, la maison des Médicis, et y laissa en gage un bout de territoire papal en échange de 25 000 florins en or. Armé de ce

---

1. Personnage principal de la série télévisée anglo-irlandaise *Father Ted*, qui raconte les mésaventures de trois prêtres et de leur gouvernante, exilés sur Craggy Island, petite île au large des côtes irlandaises. *(NdT)*

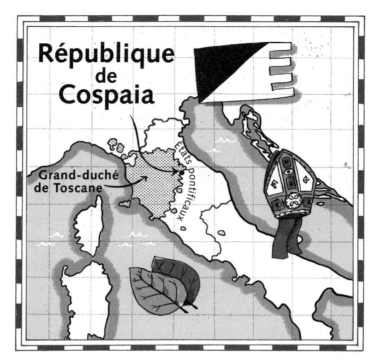

République de Cospaia

Grand-duché de Toscane

États pontificaux

Population : environ 300 habitants

Langue : italien

Cause du décès : abus d'une bonne chose

Situation actuelle : partie de l'Italie

trésor de guerre, Eugène finit par obtenir gain de cause, mais, incapable de rembourser le prêt, il dut signer la cession de sa propriété foncière à ses créditeurs. L'homme qui venait de gagner la dispute sur son infaillibilité en tant que pape se prit alors les pieds dans le tapis. Les deux parties s'étaient mises d'accord pour utiliser un cours d'eau comme frontière. Mais aucune ne sembla remarquer que celui-ci était l'un des deux bras d'une même rivière. Aussi acheteur et vendeur délimitèrent-ils leur frontière respective en prenant en compte la berge la plus proche. Ils omirent donc un petit bout de terre au milieu, occupé par le village de Cospaia, qui n'avait jusqu'alors rien de remarquable et n'était réclamé par personne. Ce ne fut pas la dernière fois qu'une nation naquit à la suite d'un accident cartographique.

Les habitants de Cospaia furent prompts à repérer les avantages de la situation : n'ayant plus d'impôts à payer, ne dépendant plus de la loi papale, ils proclamèrent l'indépendance de leur République. Ils s'acquittèrent des tâches les plus amusantes – la conception d'un drapeau et d'un blason –, mais n'allèrent pas jusqu'à élire un gouvernement, car c'était plus ennuyeux à faire. Au lieu de cela, ils continuèrent de se fier à leur « conseil des anciens », une tradition vague et peu officielle qui, à l'époque, était encore commune à la plupart des villages isolés d'Italie.

Un siècle plus tard, toujours aussi ignorée, la République de Cospaia prit son envol avec l'arrivée du tabac en Europe[2]. L'Église catholique désapprouvait l'herbe à Nicot – désapprouver faisait plus ou moins partie de ses habitudes – et

2. Dans un premier temps, ce végétal se vit attribuer des vertus médicinales : en 1563, un docteur suisse remarqua ainsi que « la feuille de tabac a le merveilleux pouvoir de produire une sorte d'ivresse paisible ».

menaça d'excommunication quiconque en ferait pousser. Hors de la juridiction papale et jouissant du climat idéal pour cultiver le tabac, Cospaia se retrouva pour ainsi dire en position de monopole dans la région. Ce fut le début d'un boom économique qui dura deux cent cinquante ans.

À travers l'histoire, la loi non écrite des micronations stipule de garder la tête baissée, de rester hors de portée des radars et d'espérer que les plus grands du quartier vous laisseront tranquilles. Mais Cospaia et sa florissante liberté pour tous commencèrent à agacer. Au xixe siècle, la petite République était prétendument devenue « un havre pour les insoumis et autres indésirables ». Alors le pape Léon XI et le voisin toscan, le grand-duc Léopold II, entamèrent de nouvelles négociations territoriales. Les citoyens de Cospaia, conscients de leur délicate situation, ne tentèrent pas de s'en sortir par un coup d'éclat glorieux, mais se contentèrent d'un pétard mouillé : ils acceptèrent d'être absorbés à condition de pouvoir continuer à cultiver leur tabac.

La conséquence imprévue de l'erreur papale d'Eugène IV, c'est qu'aujourd'hui, six cents ans plus tard, d'irritants ados libertaires encombrent l'Internet de commentaires du genre : « L'anarchie, c'est top : la République de Cospaia a vécu pendant quatre siècles sans gouvernement. Alors je vois pas pourquoi je devrais ranger ma chambre. »

NOUVELLE-CALÉDONIE

1698-1700

Il est réconfortant de pouvoir prendre le passé de haut. Nous rions de nos désastres, de nos coupes de cheveux et de nos vieux ordinateurs de la taille d'un bus. « Regarde ces ringards ! Comment pouvaient-ils être aussi nuls ? Ce n'est pas comme moi, qui vis aujourd'hui en des temps glorieux et sais tout ce que je sais ! Ce marché de l'immobilier ne va jamais s'effondrer ! » Avec le recul, on se dit que la tentative écossaise d'établir sa Nouvelle-Calédonie était tellement vouée à l'échec que c'en est comique – mais le projet n'était pas aussi stupide qu'il n'y paraît.

Comme d'habitude, et sans qu'on puisse en douter, les Anglais sont en partie à blâmer. L'économie écossaise était en piteux état en cette fin du XVIIe siècle, notamment parce que l'Angleterre, et la toujours plus vorace Compagnie des Indes orientales, lui refusaient la moindre part du gâteau du commerce international. La Compagnie d'Écosse se voulut une sorte de riposte. Son objectif était de lever des fonds pour bâtir un Empire écossais.

En soi, c'était loin d'être une mauvaise idée. Mais il fallut déterminer l'endroit où ériger cette colonie et c'est préci-

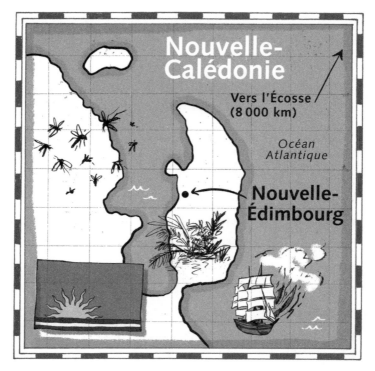

Population : 1 200 habitants (mais ça ne dura pas)
Capitale : Nouvelle Édimbourg
Cause du décès : mauvaise organisation, moustiques, Sassenachs (terme parfois utilisé par les Écossais pour désigner les Anglais)
Situation actuelle : partie du Panamá

---

sément à ce stade que la situation commença à sérieusement se détériorer.

Quelques années plus tôt, Lionel Wafer, un explorateur gallois, était revenu de ce qui est aujourd'hui le Panamá et en avait brossé un tableau idyllique : une jungle verte, des rivières limpides, de délicieux cochons sauvages, des

lapins géants, des abeilles bien dodues, des prairies her-
beuses, des figues de Barbarie et des ananas gros comme
des têtes. Pour les Écossais coincés dans la pluvieuse et
miséreuse Édimbourg, cela avait toutes les apparences du
paradis. La Compagnie crut donc avoir trouvé le lieu idéal
où développer une colonie commerciale et ce fut ainsi que
naquit le projet Darién. Il ne vint à l'esprit de personne de
se demander pourquoi, si cet endroit était aussi formidable que ça, les Espagnols ne s'en étaient pas déjà empa-
rés, comme ils l'avaient fait pour une grande partie de
l'Amérique.

Le projet se heurta dès le début à un obstacle quand
l'Angleterre interdit à la Compagnie d'Écosse de chercher
des investisseurs à Londres ou en Hollande. Elle dut donc
se tourner vers les Écossais eux-mêmes : des milliers de
petits investisseurs enthousiastes injectèrent 400 000 livres
dans l'affaire, une somme *stupéfiante*, l'équivalent d'un
cinquième de l'économie totale du pays. On acheta des
navires, on recruta des colons et il sembla, pendant un certain temps, que les Anglais se feraient pour une fois damer
le pion.

Ce que les futurs colons emportèrent peut paraître absurde
aujourd'hui mais était jugé comme indispensable par un
Écossais moyen du xviie siècle : des tas de Bible, des peignes

à utiliser comme monnaie d'échange avec les tribus indigènes, des piles de bonnets, et une énorme quantité de whisky. En 1698, cinq bateaux, avec mille deux cents passagers à leur bord, mirent les voiles. La traversée fut difficile et les choses empirèrent à leur arrivée. Les autochtones ne se montrèrent pas vraiment intéressés par les peignes, les colons ne parvinrent pas à trouver une source d'eau douce, la zone marécageuse où ils avaient accosté ne correspondait en rien à la description de Wafer, et plusieurs milliards de moustiques facilitèrent la propagation du paludisme dans leurs rangs. On compta rapidement près de dix morts par jour. Seul point positif : il était environ trois cents ans trop tôt pour que Bear Grylls[3] puisse y faire le malin.

Les marins refusèrent de quitter les navires, n'ayant aucune confiance dans les colons – et inversement. Les Indiens Kuna se révélèrent plutôt amicaux – tout comme les Écossais, ils détestaient les Espagnols, mais il y avait des limites à l'aide qu'ils pouvaient apporter. Tout le monde sombra alors dans l'alcoolisme – vu la prévalence des maladies liées à la consommation d'eau infectée, ce n'était pas l'option la plus idiote. Au bout d'un an, comme il ne restait plus que trois cents colons, ceux-ci abandonnèrent la capi-

---

3. Animateur de télévision britannique spécialisé dans les techniques de survie en milieu sauvage. (*NdT*)

tale, appelée Nouvelle-Édimbourg, et mirent le cap sur New York. Malheureusement, les nouvelles ne circulaient pas vite en 1699 et une première flopée de lettres positives avait eu l'effet d'une campagne publicitaire – rétrospectivement, la phrase récurrente : « L'un des endroits les plus fructueux à la surface de la Terre » sonne de manière quelque peu suspecte – et poussé un deuxième convoi de colons à gagner la Nouvelle-Calédonie. À leur arrivée, l'un des navires prit feu. Puis la colonie fut assiégée par les Espagnols. Les Écossais quittèrent les lieux une fois de plus en 1700[4]. Au pays, la Compagnie s'effondra ignominieusement. Et pour finir, la Nouvelle-Calédonie ne fut pas la seule nation à disparaître : sept ans plus tard, l'Écosse fut elle-même contrainte de signer l'Acte d'Union, en partie parce que le projet Darién l'avait ruinée.

De nos jours, on peut parcourir en voiture les 30 000 km de la Panaméricaine qui relie l'Alaska à l'extrême pointe de l'Argentine… Sauf qu'il faut contourner la région du Darién, dont les marécages présentent toujours un trop grand défi, même pour la version actuelle si brillante de notre espèce.

---

4. La Compagnie d'Écosse tenta ensuite de se refaire en envoyant deux autres navires, dont les équipages s'empressèrent de copiner avec des pirates. Ils acceptèrent de leur louer leurs bateaux, puis revinrent sur leur parole, mais cela n'empêcha pas les pirates de les leur voler.

PRINCIPAUTÉ D'ELBE
1814-1815

Les dernières années avaient été agitées et, tels des parents désespérés tendant un iPad à leur un bébé difficile, les grandes puissances européennes décidèrent de céder à l'empereur Napoléon, qu'elles venaient de vaincre, un petit pays avec lequel il pourrait s'amuser. « Ça le tiendra à l'écart des problèmes » raisonna-t-on légèrement de travers. « Il cultivera des courges, s'assagira et tout ira pour le mieux. Il consommait probablement trop de sucre. »

Ainsi débuta la courte existence d'Elbe en tant que nation souveraine.

Mesurant un peu moins de 30 km d'une extrémité à l'autre, sa superficie représentait 1/4000ᵉ de celle de l'ancien domaine de Napoléon. Portoferraio, la modeste capitale de l'île, n'avait certes pas l'éclat du Paris du xɪxᵉ siècle, mais quand l'empereur déchu débarqua de son bateau, il s'efforça de paraître impressionné par les abondantes ressources locales que représentaient « quelques choux » et « un peu de poussière ». Lors de la cérémonie de bienvenue, le maire lui remit les clés de la ville – bien qu'en réalité, il se fût agi de celles de sa cave, peintes en or, car les

Population: 12 000 habitants
Capitale: Portoferraio
Langues: italien, français
Monnaie: franc

Cause du décès: l'ennui
Situation actuelle: partie
de l'Italie

---

véritables clés de la ville avaient été perdues. Cela donna le ton général.

Au lieu de se dire qu'il était tombé bien bas et de se mettre à bouder, Napoléon entreprit d'améliorer les lieux, ce qui est à porter à son crédit. Il encouragea la population à planter plus de radis et de pommes de terre, et à bâtir des fortifications contre les pirates. Il fit aussi construire des écoles et des rues dignes de ce nom, et alla jusqu'à décréter que, désormais, « un lit ne devrait plus être partagé par plus de cinq personnes ».

Malgré cet enthousiasme des débuts, Napoléon s'aperçut vite que poser de nouveaux lampadaires et bêcher dans son jardin n'était pas aussi stimulant qu'envahir la Russie[5]. Il perdit son allant, se mit à se gaver de biscuits et à jouer de plus en plus aux cartes avec sa maman. Les espions affluaient régulièrement pour garder un œil sur lui, mais il prétendait ne pas les remarquer.

Pendant ce temps, à Paris, le gouvernement faisait publier dans la presse un tas d'histoires scandaleuses à son sujet : non seulement il souffrait de diverses maladies, mais en plus il couchait avec sa propre sœur. Cette campagne de dénigrement était censée retourner l'opinion contre lui. Elle n'atteignit pas son objectif et ne parvint qu'à contrarier davantage l'empereur déchu. Qui étaient ces pygmées moraux pour manquer de respect à un géant (même si cette considération était purement métaphorique) de sa stature ?

Napoléon fit donc repeindre un bateau aux couleurs anglaises, puis il partagea un dernier repas avec sa mère

---

5. Signe qu'il ne s'était peut-être pas complètement réformé, Napoléon annexa sans attendre l'île voisine de Pianosa, où il comptait cultiver du blé.

et sa sœur, et regagna secrètement la France pour reprendre son gigantesque jeu de stratégie.

Après Waterloo, lorsqu'il se retrouva vaincu pour la seconde fois, les puissances européennes, qui avaient retenu la leçon, l'envoyèrent au piquet au milieu de l'Atlantique, sur un caillou sinistre et venteux appelé Sainte-Hélène. Et elles lui firent bien comprendre qu'il n'en serait pas le roi. C'est là que l'empereur déchu vécut les six dernières années de sa vie, en songeant avec nostalgie que l'île d'Elbe[6] n'était peut-être pas si mal, après tout, sa mort – en 1821 – ayant peut-être été causée par l'arsenic contenu dans le papier peint de sa maison.

---

6. Ayant été intégrée à l'Italie lors de son unification en 1860, Elbe possède aujourd'hui une population florissante de mouflons, une espèce de mouton à cornes introduit dans les années 1970, que les habitants aimeraient éliminer en raison des dommages que la bête infligerait aux oliviers.

FRANCEVILLE

1889-1890

En matière de « catastrophes naturelles », le Vanuatu[7] est considéré par les Nations Unies comme le pays où il est le plus risqué de vivre au monde – devant les Tonga, le Guatemala et le Bangladesh. Au XVIIe siècle, une série ininterrompue de tremblements de terre et d'ouragans avait amené la population autochtone des Ni-Vanuatu à développer une « patiente tolérance vis-à-vis des calamités[8] ». Une chance, parce que les Européens s'apprêtaient à débarquer, et on sait que ça se passe toujours bien…

L'archipel du Vanuatu comprend environ quatre-vingts îles. Il produit des noix de coco en abondance, ainsi que des langues, peut-être en trop grande quantité – cent treize, pour être précis, soit une moyenne d'une langue pour près de trois mille personnes. La monnaie la plus utilisée était – et est encore dans une certaine mesure – le cochon[9].

---

7. Comme si la vie ne tenait pas déjà assez à un fil, ce furent les habitants du Vanuatu qui inventèrent le saut à l'élastique en se servant de plantes grimpantes et de tours branlantes.

8. Extrait des *Pacific Island Discussion Papers* (Banque mondiale, 1999).

9. Le type de cochon le plus recherché, celui qui a le plus de valeur, est le porc glabre hermaphrodite de l'île de Malo.

Franceville

Océan Pacifique

Nouvelles-Hébrides (Vanuatu)

Franceville

Efate (île Sandwich)

Population : 540 habitants
Langues : nombreuses
Monnaie : cochon

Cause du décès : naissance
un siècle trop tôt
Situation actuelle : partie
du Vanuatu

Les Mélanésiens colonisèrent l'archipel puis, au XVIIᵉ siècle, les Portugais arrivèrent dans les parages avec leurs habituels cadeaux empoisonnés : la coqueluche et la grippe. Le premier visiteur fut Pedro Fernandes de Queirós qui, dans la grande tradition des explorateurs déboussolés, crut découvrir la légendaire *Terra australis incognita*. Il fallut attendre cent soixante ans pour qu'un autre Européen, le voyageur français Louis-Antoine de Bougainville, y fasse une halte de courtoisie. Quelques années plus tard, le capitaine Cook croisa l'archipel sur sa route, ce qui lui permit de le baptiser, dans un élan d'enthousiasme, les Nouvelles-Hébrides. Le navigateur anglais fut suivi par divers pêcheurs de baleines et des trafiquants de santal. Ils jugèrent les indigènes d'un abord difficile. Quand le *British Sovereign* sombra en 1847, les survivants parvinrent à gagner la rive à la nage, où les malheureux furent tués puis mangés. Les relations ne débutaient pas sous les meilleurs auspices.

Mais les commerçants et les missionnaires récemment arrivés insistèrent. Ils créèrent des plantations et échangèrent des marchandises contre des terres, bien que les Ni-Vanuatu n'eussent aucune notion de la propriété foncière. Puis d'autres missionnaires malchanceux débarquèrent : eux aussi se firent dévorer. Juste au moment où les Britanniques commençaient à penser que le jeu n'en valait peut-être pas la chandelle, les Français rappliquèrent. Suprêmement mesquins (comme les représentants des superpuissances ont tendance à l'être), les Anglais auraient préféré être damnés plutôt que de laisser leurs vieux ennemis s'emparer des îles – qu'elles fussent cannibales ou pas.

Le colonialisme a à juste titre mauvaise réputation, mais il y a quelque chose de presque aussi répréhensible : le colonialisme approximatif qui-n'est-pas-vraiment-du-colonialisme. C'est ce que subirent les Nouvelles-Hébrides, prises entre deux papas impériaux brûlant d'en découdre. Pour empêcher la rivalité de tourner à la guerre ouverte, la Grande-Bretagne et la France trouvèrent un accord : l'archipel serait sous la garde d'une commission navale mixte. Concrètement, cela signifiait l'anarchie générale et l'absence d'un gouvernement digne de ce nom.

Certaines nations négligées et « coincées » entre deux grandes puissances comme la République de Cospaia (voir p. 77) s'adaptent aux circonstances et ne regardent jamais en arrière. Mais les habitants – autochtones et colons – des Nouvelles-Hébrides jugèrent leur situation pas très plaisante et les pieux missionnaires en avaient tout particulièrement assez de ne pas pouvoir se marier légalement. Aussi, à Franceville (aujourd'hui Port-Vila) sur l'île d'Efate, décida-t-on de réagir.

On y proclama l'indépendance de la commune en 1889, dans l'espoir de poser les bases d'une nouvelle loi internationale. On dévoila un drapeau et on désigna un président. Une constitution fut rédigée. Cette minuscule enclave devint l'un des tout premiers pays à adopter le suffrage universel sans considération de race, de genre ou de religion. Bien sûr, on était élu que si l'on était un mâle blanc – ne nous emballons pas, les amis !

Puis, tel un couple peu séduisant dans une comédie géopolitico-romantique, le Royaume-Uni et la France parvinrent brusquement à oublier leur rivalité et à se rendre compte qu'ils avaient un tas de choses en commun : ils étaient de vieux réactionnaires cupides qui n'allaient pas laisser croire que l'autonomie était une option, car c'était ce genre d'idée qui ruinait les empires. Ainsi envoyèrent-ils leurs flottes démanteler Franceville. Le problème fut traité, mais ce qui l'avait causé continua à germer. Et, un siècle plus tard, il ressurgit sous les formes improbables d'un conducteur de bulldozer messianique et de la « République de Vemerana » (voir page suivante)…

RÉPUBLIQUE
DE VEMERANA

mai-septembre 1980

Le nom « Phoenix Foundation » évoque ce qu'il y a de plus attendu dans les films de James Bond, à savoir l'une de ces organisations secrètes, maléfiques, semblables à une grosse entreprise, qui tient ses réunions dans le cratère d'un volcan éteint. On n'est pas loin de la vérité. Michael Oliver était un milliardaire de l'immobilier du Nevada. Harry D. Schultz publiait pour sa part une lettre d'information à succès sur les moyens d'échapper aux impôts (Margaret Thatcher en était une lectrice avide). Tous deux en avaient assez de devoir payer pour des trucs aussi barbants que des routes et des hôpitaux qui pourraient ne pas leur être utiles, et d'avoir à obéir à des lois qui ne leur convenaient pas forcément. Aussi concoctèrent-ils un plan de riches des plus prévisibles : fonder un nouveau pays entièrement libertarien.

Oliver et Schultz avaient déjà essayé avec la République de Minerva – des récifs à moitié submergés des Tongas –, mais cela avait échoué parce que l'idée était particulièrement stupide. Leur tentative de création d'un paradis fiscal

Population : 40 000 habitants
Langues : français, anglais
Monnaie : cochon

Cause du décès : guerre de la noix de coco
Situation actuelle : partie du Vanuatu

aux Bahamas ne déboucha sur rien elle non plus. Jamais deux sans trois : ils remirent ça en 1980, et leur choix se porta sur l'île d'Espiritu Santo. Sur place, ils s'acoquinèrent avec

Jimmy Stevens, un ancien conducteur de bulldozer d'origine écossaise. Ce barbu messianique, surnommé « Moses », dirigeait le Mouvement d'Autonomie des Nouvelles-Hébrides, lequel s'opposait – ce qui peut sembler un peu contre-intuitif – à l'imminente autonomie des Nouvelles-Hébrides (qui étaient sur le point de devenir le Vanuatu[10]). Jimmy Stevens appelait, dans un style un peu vague et sectaire, au retour aux « vieilles traditions » : un respect des croyances locales et de la structure sociale qui avaient été bouleversées par des années de gouvernance négligente des Français et des Britanniques. Il créa une série d'insignes indiquant les différents rangs de son mouvement, depuis le « président en chef » (lui) jusqu'à l'insignifiant « gardien d'écolier ». Financé à hauteur de 250 000 dollars par la Fondation Phoenix (et ne se doutant pas que ses objectifs personnels ne représentaient que la phase n° 1 du plan funeste d'Oliver et de Schultz), Stevens prit la tête d'une insurrection sur l'île, bloqua l'aéroport, détruisit deux ponts et proclama la République de Vemerana.

Le gouvernement des Nouvelles-Hébrides tenta d'obtenir l'aide des Britanniques, mais les Français, qui n'avaient

---

10. Les deux partis politiques officiels aspiraient à deux formes légèrement différentes d'autodétermination. Le projet de Stevens était beaucoup plus tourné vers l'amour libre, c'est-à-dire la polygamie.

finalement pas encore oublié leur vieille rivalité, s'y opposèrent. Il revint donc aux voisins de Papouasie-Nouvelle-Guinée d'envoyer une petite troupe, déclenchant ainsi ce que la presse étrangère nomma avec condescendance : « La guerre de la noix de coco. » Le conflit fut plutôt limité. Les partisans de Stevens n'étaient armés que d'arcs et de flèches, et la plupart des insulaires se montrèrent plutôt amicaux avec les Papouans-Néo-Guinéens. Quand son fils fut abattu après avoir forcé un barrage routier, Moses s'affola : il n'avait jamais voulu que quiconque soit blessé, déclara-t-il, et son mouvement cessa rapidement d'exister. Après s'être rendu, le pacifique président fut condamné à quatorze années de prison[11]. Les Nouvelles-Hébrides devinrent le Vanuatu. Quelque part, la Fondation Phoenix continue probablement d'agir dans l'ombre.

---

11. Jimmy put sortir de prison quatre ans plus tôt, en payant la somme de trente cochons au gouvernement.

RÉPUBLIQUE SOVIÉTIQUE DES SOLDATS ET DES BÂTISSEURS DE FORTERESSES DE NAISSAAR

décembre 1917-février 1918

En plus d'un joli drapeau et d'un hymne facile à siffler, un nom qui claque est un autre attribut important pour n'importe quel nouveau pays. Idéalement, quelque chose de bref comme « Suisse » ou « Tchad ». À la limite, on peut aussi opter pour un nom à coucher dehors comme « États-Unis d'Amérique » ou « Papouasie-Nouvelle-Guinée ». Mais si vous voulez vraiment frapper un bon coup, alors essayez celui-là : « République soviétique des Soldats et des Bâtisseurs de Forteresses du Naissaar ».

L'URSS eut un départ brouillon. Peu importe la netteté de vos barbes et de vos slogans, vous ne pouvez pas vous emparer d'un territoire de la taille de l'Empire russe en un jour. Lorsque la Révolution d'octobre des Bolcheviques se répandit hors de Saint-Pétersbourg, cela se fit par à-coups. Une confusion générale s'ensuivit. Un nombre improbable de nations proclamèrent leur indépendance en l'espace de quelques mois : la République de l'Ingrie du nord, le Duché

République soviétique des Soldats et des Bâtisseurs de Forteresses de Naissaar

Mer Baltique

Estonie — Tallinn

Population: 500 habitants
Cause du décès: Allemagne

Situation actuelle: partie de l'Estonie

de Courlande et de Sémigalie, la République houtsoule, la République des Lemkos, la République populaire de Crimée, la République populaire du Kouban, la République de Kars, la République du Don, l'Émirat du Nord-Caucase, la Fédération transcaucasienne, la République d'Idel-Oural, l'Autonomie d'Alash, l'Autonomie de Kokand, le Basmatchi, l'Ukraine verte… Et la liste ne s'arrête pas là! Si vous n'avez jamais entendu parler de ces pays, c'est parce que la plupart se sont pratiquement volatilisés avant d'avoir pu exister.

L'une de ces nations éphémères fut la République soviétique des Soldats et des Bâtisseurs de Forteresses de Naissaar. Dans les eaux froides du golfe de Finlande, quelque part entre Tallinn et Helsinki, se trouve Naissaar, une île couverte de pins. Son nom signifie littéralement « île des femmes », ce qui a poussé certains à croire qu'il pourrait s'agir de l'Île des Femmes, sanctuaire de la race mythique des Amazones, évoquée par le chroniqueur et géographe Adam de Brême il y a presque un millénaire. Mais en 1917, Naissaar était peuplée par des pêcheurs austères et les occupants d'une récente forteresse russe. Profitant de la pagaille causée par la ferveur révolutionnaire sur le continent, l'équipage du *Petropavlosk*, un cuirassé de la flotte de la Baltique, décida de s'emparer de l'île, à l'initiative du charismatique anarcho-syndicaliste Stepan Petritchenko. Les quatre-vingt-deux hommes désignèrent des commissaires des finances, de la santé et de l'instruction. Ils auraient aussi levé des impôts auprès des habitants, bien que cela ne fût pas très anarcho-syndicaliste de leur part.

Le gouvernement de l'Estonie, qui venait de déclarer son indépendance, ne prit pas bien ce qu'il considéra comme de la piraterie opportuniste plutôt que comme la naissance légitime d'une nation. Étant donné que le pays ne tarda pas à être envahi par l'Empire allemand, il ne put toutefois pas y faire grand-chose. Ce furent donc les Allemands qui chassèrent les révolutionnaires de Naissaar, à peine deux mois après leur arrivée. Le *Petropavlosk* mit alors le cap sur Kronstadt, où Petritchenko et ses camarades lancèrent la rébellion qui faillit renverser ce qui s'apparentait de plus en plus à une dictature bolchevique[12]. La République des Bâtisseurs de Forteresses fut oubliée et l'île est aujourd'hui une réserve naturelle truffée de vieilles mines navales qui furent fabriquées là pendant un temps.

---

12. Après que Trotski eut écrasé la Révolte de Kronstadt, Petritchenko s'enfuit en Finlande, mais il fut quelques années plus tard déporté en URSS. Il mourut en 1947 dans la plus grande prison de Russie.

MORESNET NEUTRE

1816-1920

Après que Napoléon eut fait voler l'Europe en éclats, le
congrès de Vienne apparut comme une ambitieuse tentative de recoller les morceaux. Il se donna pour objectif
de stabiliser l'équilibre des puissances, notamment entre
des voisins méfiants comme la Prusse et les Pays-Bas. Ces
deux rivaux s'efforcèrent de trouver un accord et de tracer
une frontière qui leur convienne, mais ils tombèrent sur
un os. Une montagne. Plus spécifiquement : une montagne abritant une mine de zinc.

L'Europe du XIXᵉ siècle s'apprêtait à verser dans l'esthétique steampunk et pour cela il fallait du zinc, que l'on ne
trouvait pas en grande quantité en dehors de Bristol. Ni la
Prusse ni les Pays-Bas ne voulaient donc laisser l'autre mettre la main sur une mine de grande valeur. Pour régler le
problème, ils décidèrent donc que la mine de zinc d'Alenberg n'appartiendrait à personne. Un territoire neutre en
forme de triangle mal tracé fut créé, le Moresnet. Il en
résulta que les gens qui y vivaient devinrent techniquement « apatrides », mais les responsables ne semblèrent
pas s'en émouvoir. Échappant du jour au lendemain à la

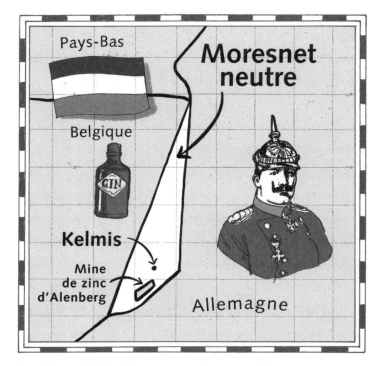

Pays-Bas

Moresnet neutre

Belgique

GIN

Kelmis

Mine de zinc d'Alenberg

Allemagne

Population: 3 000 habitants
Capitale: Kelmis
Langues: néerlandais, français, allemand, espéranto

Cause du décès: carence en zinc
Situation actuelle: partie de la Belgique

conscription, les habitants, lassés des guerres, ne s'inquiétèrent pas beaucoup non plus de leur nouveau statut.

La compagnie qui possédait la mine contrôlait tout: elle était la principale employeuse, dirigeait la banque, les commerces et l'hôpital. Tout se passa bien jusqu'à l'inévitable épuisement du gisement, en 1885. Ayant manifesté un manque caractéristique de prévoyance, le Moresnet neutre se retrouva dans une situation économique alarmante. Il ouvrit un casino parce que ce genre d'établissement avait été interdit chez son nouveau voisin, la Belgique[13]. Mais le kaiser Guillaume II, ce rabat-joie coiffé d'un casque à pointe, désapprouva et menaça d'annexer le Moresnet neutre, aussi le casino ferma-t-il. Un philatéliste et médecin local, le docteur Wilhelm Molly, eut l'idée de faire imprimer des timbres, dans l'espoir que les collectionneurs rapporteraient des revenus réguliers, dont le territoire avait un besoin urgent[14]. Mais le projet fut contrarié par la Belgique. Les distilleries de gin eurent plus de succès. Les bars et les cafés se multiplièrent à Kelmis : il y en eut jusqu'à soixante-dix, un chiffre impressionnant pour une commune qui ne comptait à l'origine qu'une cinquantaine de maisons et une église.

Du coup, le Moresnet neutre se tailla bientôt une réputation de repaire de soiffards, plus ou moins affranchi des lois (le seul policier passait le plus clair de son temps à jouer aux échecs dans un café). Le maire de la capitale essaya d'y

---

13. S'étant détachée des Pays-Bas en 1830, la Belgique indépendante allait se lancer à son tour dans la création particulièrement horrible d'un pays (voir p. 206).
14. En ayant assez de se faire plagier par une revue de philatélie française, un collectionneur inventa un faux timbre du Moresnet neutre, puis écrivit un article à son sujet pour piéger ses copieurs.

remédier en décrétant la « prohibition des chansons obscènes ». Puis, en 1908, le docteur Molly imagina un autre moyen de faire entrer de l'argent : le Moresnet neutre deviendrait le premier et unique État à choisir l'espéranto comme langue officielle. La population organisa une fête, composa un hymne national et le nouveau nom du pays fut dévoilé : Amikejo, ce qui signifie « lieu d'amitié » en espéranto.

Le plan de développement n'expliquait pas clairement comment une nation de locuteurs de l'espéranto allait faire fortune. Continuant de trouver le Moresnet agaçant, le kaiser ne montra aucune affection pour l'Amikejo et lui coupa l'électricité de manière répétée. Finalement, la Première Guerre mondiale éclata et l'Amikejo *estis fiasko* (« fut un fiasco » en espéranto).

À l'issue du conflit, lors d'une nouvelle de ces fameuses conférences d'après-guerre, le territoire triangulaire et désormais insignifiant fut cédé sans cérémonie à la Belgique. Mais une société d'espéranto locale continue de se réunir chaque troisième vendredi du mois, ce qui est *bona* (bien)[15].

---

15. Phrases utiles en espéranto selon Google Translate : « Tout le concept d'Étatnation est compliqué. » : « *La tuta koncepto de nacia ŝtato estas komplika.* » / « Voulez-vous du gin ? » : « *Ĉu vi volas iom da ĝino ?* » / « Ce kaiser a tout l'air d'un salaud. » / « *Ĉi tiu kaiser aspektas kiel bastardo.* »

RÉPUBLIQUE DE PERLOJA

1918-1923

« Ils avaient même un espion. Il boitait mais pouvait imiter les animaux, notamment les chants d'oiseaux ; il pouvait aussi se déguiser pour ressembler à une vieille femme. » Anne Applebaum, *Between East and West*[16].

Le grand-duc Vytautas fut le personnage le plus important de l'histoire de la Lituanie – lui et son cheval remarquablement doué qui, d'après la légende, aurait un jour arrêté une inondation en se contentant de la boire. Vytautas érigea sa première église dans le village de Perloja, près de la frontière méridionale de la Lituanie. En 1387, s'étant pris d'affection pour l'endroit, il lui aurait accordé un statut spécial et décrété qu'aucun de ses habitants ne pourrait plus jamais y être serf. Des années plus tard, lorsqu'un propriétaire cupide songea qu'il aurait plaisir à exploiter quelques esclaves locaux, Vytautas se montra fidèle à sa parole : des soldats lituaniens se présentèrent et s'occupèrent du propriétaire comme tout le monde voudrait que les propriétaires fussent traités.

---

16. Littéralement, « Entre l'Est et l'Ouest », ouvrage non traduit en français d'Anne Applebaum, journaliste américaine, spécialiste du communisme et lauréate du prix Pulitzer en 2004. (*NdT*)

Population: environ 700 habitants
Langue: dzukien (dialecte lituanien)

Monnaie: litas de Perloja
Cause du décès: nouvelles cartes
Situation actuelle: partie de la Lituanie

Néanmoins, en 1918, la Première Guerre mondiale touchait à sa fin, l'Europe était sinistrée et tout était bon à prendre. Les Bolcheviques avaient fait main basse sur l'Empire russe qui s'était effondré, les Allemands ravageaient la région – même s'ils savaient qu'ils avaient perdu la guerre – et une Pologne renaissante tentait de récupérer la moindre parcelle de territoire susceptible de tomber dans son escarcelle. Les frontières étaient redessinées partout et les habitants de Perloja craignaient que leurs liens anciens avec Vytautas et son cheval magique soient oubliés dans la redistribution des cartes.

Ils envoyèrent donc un émissaire auprès du représentant de la Ligue des Nations à Vilnius. Ça ne se passa pas bien : les problèmes d'un minuscule village d'Europe de l'Est n'apparaissaient pas tout en haut de la liste des priorités de la Ligue. Elle les rejeta.

À Perloja, une réunion se tint sur la petite place, au pied de la statue de Vytautas, et l'on discuta de la situation. Une chose en amena une autre, des discours furent prononcés, l'émotion gagna la population et, à la fin de la journée, une république fut proclamée.

Le village possédait déjà un blason qui pouvait servir de drapeau (un bison avec une croix sur la tête – pas mal du tout pour un emblème national). Un Premier ministre, un ministre de l'Intérieur, un ministre des Finances et un juge furent élus (le juge s'était rendu extrêmement populaire en condamnant un auteur de violences conjugales à se faire battre par sa femme). Un prêtre ivre se vit confier l'armée locale – trois cents types du coin vêtus d'uniformes faits maison. On projeta de frapper une monnaie à l'effigie de Vytautas. Et bien sûr, Perloja disposait d'un espion

– un seul – qui imitait les oiseaux et se déguisait en vieille femme[17].

Comme les habitants l'avaient redouté, la presque totalité du village se retrouva en Pologne selon la nouvelle carte. La police polonaise se présenta et les Prelojiens se cachèrent dans des grottes jusqu'à son départ. Il y eut quelques escarmouches, dont la plus significative fut une attaque contre ce que les villageois prirent pour des gardes-frontières polonais, alors qu'il s'agissait en réalité d'une unité de l'armée lituanienne à laquelle ils essayaient justement de rester loyaux. Se rendant compte que leur combat était désespéré, ils déposèrent les armes et acceptèrent à contrecœur d'obéir à la loi polonaise, même s'ils posèrent une plaque commémorative pour rappeler leur audacieuse tentative d'indépendance. Plus tard, au moment de l'invasion soviétique, Perloja fut rendue à la Lituanie et des camions remplis de villageois prirent la direction des goulags. Cependant, ni les Soviétiques ni les nazis ne parvinrent à déboulonner la statue de Vytautas, en dépit de tous leurs efforts.

---

17. On est d'accord, être capable de se déguiser pour « ressembler à une vieille femme » n'est pas des plus impressionnants. N'oublions pas que pendant la Première Guerre mondiale, des soldats français se déguisèrent en carcasses de cheval (faites en papier mâché) pour s'approcher des tranchées allemandes.

QUILOMBO DOS PALMARES
1606-1694

INTÉRIEUR JOUR – STUDIO D'HOLLYWOOD

CADRE DIRIGEANT : **Balance ton pitch, petit.**

ÉCRIVAILLON : **On est au Brésil. Dans une forêt brumeuse, très exotique. Un bébé – notre héros, Zumbi – est volé à une micro-nation assiégée, qui rassemble des esclaves africains fugitifs. Le bébé est élevé par un brave prêtre. Là, montage-séquence trépidant sur son enfance. Une fois adolescent, il quitte son foyer adoptif pour rejoindre son lieu de naissance. Il y devient un soldat de grande valeur et prend bientôt la tête d'une résistance courageuse contre un empire raciste et maléfique. Petit plus : ça se termine sur une note triste pour que le film soit oscarisable.**

CADRE DIRIGEANT : **J'aime bien.**

ÉCRIVAILLON : **Super ! J'avais peur que ça soit un peu trop attendu.**

CADRE DIRIGEANT : **Et cet esclave noir héroïque, ça pourrait être Scarlett Johansson ?**

À la fin du xvie siècle, le Brésil était dominé par deux puissances européennes, le Portugal et les Pays-Bas, deux nations largement partisanes de l'esclavage. Nombreux étaient les

Quilombo dos Palmares

Brésil

Océan Atlantique

Mocambos, habitations d'esclaves marrons formant le quilombo

ZUMBI DOS PALMARES

Population: environ 11 000

Cause du décès: il n'y a qu'à Hollywood où les braves opprimés gagnent à la fin

Situation actuelle: partie du Brésil

esclaves qui tentaient de s'enfuir. Quelques-uns y parvenaient. Ainsi, un petit nombre d'anciens travailleurs des plantations se réfugiaient-ils régulièrement dans l'intérieur de la forêt et vers 1606 certains d'entre eux avaient établi près de Recife un *quilombo* – une agglomération de « communautés » ou *mocambos*, gouverné par un seul roi. Il s'agissait d'une sorte de minuscule pays à part entière, un fragment d'Afrique en Amérique du Sud, qui fut baptisé

« Los Palmares » en raison de l'abondance des palmiers dans la contrée. Un peu comme l'invincible village gaulois d'Astérix, les hameaux étaient cernés de palissades en bois et de fossés hérissés de piques.

Les seules et rares descriptions que nous en avons sont dues à des individus qui tentèrent d'attaquer Palmares. Le *quilombo* essuya de nombreux assauts : nous savons qu'il y eut au moins vingt expéditions portugaises de 1654 à 1678. Entre deux raids, le petit État prenait le temps de souffler et de faire du négoce avec ses voisins : de la nourriture et des objets artisanaux contre du sel et des armes. Mais les propriétaires de plantations tenaient à voir disparaître un fanal aussi lumineux vers lequel leur main-d'œuvre était susceptible de se diriger.

Ce fut au cours d'une attaque portugaise en 1655 que fut capturé un nourrisson nommé Zumbi. Il fut confié au père Melo, qui vivait dans la ville côtière de Porto Calvo, où le prêtre se chargea de l'éducation de son petit protégé. Après le retour du jeune homme à Palmares, il lui arriva de revenir voir en secret son vieux mentor.

Les expéditions portugaises continuèrent au même rythme. Zumbi s'affirma vite comme le meilleur guerrier du royaume, « habile au mousquet, à l'épée, à la lance et à l'arc ». En 1678, las de cette guerre constante, le roi de Palmares, Ganga Zumba, chercha à négocier avec les Portugais : un traité garantirait sa souveraineté, mais les esclaves fugitifs devraient être livrés à leurs anciens propriétaires. Ce que la population n'accueillit pas favorablement. Les détails sont vagues, mais une sorte de régicide eut lieu et Zumbi devint le nouveau roi.

Sous son règne, le royaume survécut encore durant quinze ans. Mais dans un rebondissement final particulièrement cinématographique, les Portugais s'en remirent à un mercenaire : Domingos Jorge Velhos, un « capitaine de brousse », un célèbre « dompteur de la vie sauvage ». Sa bande de brigands assiégea Palmares pendant trois semaines. Au cours d'une bataille décisive, cinq cents Palmarinos furent capturés et cinq cents autres furent massacrés – parmi ceux-ci, deux cents furent jetés du haut d'un précipice. D'après certains récits, Zumbi réussit à s'enfuir et continua de mener une guérilla contre les Portugais, jusqu'au jour où, trahi par l'un de ses hommes, il fut pris dans une embuscade et tué. Il avait alors une telle réputation que les Portugais se sentirent obligés d'exhiber sa tête au bout d'une pique dans la capitale locale, histoire de prouver qu'il n'avait rien d'un dieu[18].

---

18. Un aéroport international du Brésil porte aujourd'hui son nom. Il est aussi mentionné dans une chanson du groupe de *thrash metal* Sepultura.

ÉTAT LIBRE DU GOULOT

1919-1923

Autre guerre, autre tentative de redessiner la carte et autre ratage total. Cette manière expéditive de régler les problèmes au dos d'une enveloppe qui caractérise les conférences post-apocalyptiques est remarquablement louche et désespérément familière.

À la fin de la Première Guerre mondiale, alors que les vainqueurs occupaient le territoire allemand à l'ouest du Rhin, ceux-ci sortirent leurs compas, taillèrent leurs petits crayons et tracèrent trois cercles – une zone américaine, une zone française[19] et une zone britannique – de 30 km de rayon, avec en leur centre une ville.

Deux de ces cités – Mayence et Coblence – étaient distantes d'un peu plus de 60 km. Il ne faut pas être expert en géométrie pour comprendre que les cercles étaient proches mais ne se touchaient pas. Avec le Rhin au sud et sans route pour traverser le nord montagneux, une bande de terre étrange et mal-aimée se retrouva isolée du reste de

---

19. Juste à côté du Goulot, dans l'ancienne zone française, on trouve la Mäuseturm ou « tour aux Souris » : une légende locale raconte qu'elle fut érigée par le cruel et particulièrement méprisable archevêque de Mayence, qui fut dévoré vivant par des souris.

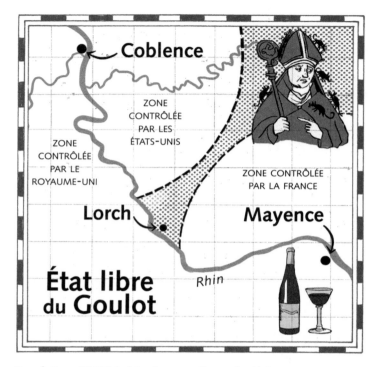

Population: 17 000 habitants au plus
Capitale: Lorch
Langue: allemand

Cause du décès: recouvrement de dette par la France
Aujourd'hui: partie de l'Allemagne

---

l'Allemagne. Quelqu'un doué d'une imagination active estima qu'elle avait un peu la forme d'un goulot de bouteille. Ainsi naquit l'État libre du Goulot. Sa plus grande ville, Lorch, fut choisie comme capitale.

Mais le genre de grande puissance qui n'avait cure de dessiner convenablement des cartes ne risquait pas de se préoccuper du sort de quelques milliers d'Allemands laissés en plan, et le Goulot se retrouva dans l'impossibilité légale de faire du négoce, d'entretenir des relations commerciales avec quiconque, sous prétexte qu'il n'existait pas officiellement. Pour joindre les deux bouts, la population dut s'en remettre à la contrebande et parfois même au détournement de trains. Le pays émit une monnaie de nécessité, dont certains billets représentaient Adam buvant une coupe de vin et Ève lui tendant une pomme. Parfois les habitants montraient leur derrière aux troupes françaises stationnées le long de la frontière orientale.

Historiquement, le Goulot disparut en 1923, lorsque les Français décidèrent d'occuper l'intégralité de la vallée de la Ruhr en réaction aux défauts de paiement répétés des réparations de guerre des Allemands. En 1994, des habitants de l'ancien État libre tentèrent néanmoins de le ressusciter en nommant des ministres et en allant jusqu'à faire imprimer des passeports. Ceux-ci ne furent reconnus nulle part, mais ils contenaient un bon offrant un repas complet, plus une réduction sur le prix du vin local[20].

---

20. Aujourd'hui, Lorch compte une léproserie et une tour des Sorcières parmi ses excitantes attractions touristiques. Les gorges du Rhin, où se situait le Goulot, sont désormais un site du patrimoine mondial de l'Unesco. Elles possèdent leur propre microclimat.

ZONE INTERNATIONALE DE TANGER

1924-1956

Si l'on pointait un rayon Bizarro[21] sur la quintessence du concept d'État-nation, alors on obtiendrait probablement la zone internationale de Tanger. Ni vraiment en Europe, ni vraiment en Afrique. Ni un pays, ni une colonie. Une sorte de salon d'aéroport où tout est permis, en marge du monde normal. Ses avantages incluaient des cigarettes bon marché et la possibilité de choisir entre trois différents systèmes postaux. Inconvénient : il s'y trouvait plus de poètes *beat* douteux qu'on ne pouvait en compter.

Comme la plupart des cités portuaires, Tanger a toujours eu une réputation équivoque. Elle se situe à seulement 36 km de la côte espagnole et, d'après la légende, Hercule aurait séparé les deux continents pour faire plaisir aux Nord-Africains. Samuel Pepys décrivit son séjour à Tanger comme « un enfer de soufre et de feu » et la ville comme « une excroissance de la terre ». Il reprocha à ses habitants

---

21. Bizarro est un super-vilain, sorte de clone négatif de Superman, qui a été créé grâce à un « rayon de duplication ». Il appartient à l'univers de DC Comics, la maison d'édition américaine de bandes dessinées. *(NdT)*

Population : 150 000 habitants

Monnaie : franc marocain, peseta espagnole, livre sterling

Cause du décès : trop louche

Situation actuelle : partie du Maroc

---

de n'avoir aucune morale – ce qui ne manquait pas d'audace de la part d'un monsieur qui pouvait avoir cinq relations extra-conjugales par jour.

La Zone internationale résulta, comme d'habitude, de l'incapacité des Européens à s'accorder sur quoi que ce soit. L'Espagne et la France, les deux grandes puissances régionales, revendiquèrent Tanger à la fin de la Première Guerre mondiale, et évidemment l'Angleterre ne voulait pas être laissée sur le carreau. Finalement, la France, l'Espagne, la Grande-Bretagne, l'Italie, le Portugal, la Belgique, les États-Unis, la Suède et les Pays-Bas s'entendirent pour « administrer conjointement » ce territoire de 350 km². Le traité qu'ils rédigèrent prévoyait une neutralité permanente, une force de police de pas plus de deux cent cinquante agents (qui ne feraient appliquer que les lois partagées par tous les signataires) et l'interdiction des jeux de hasard. Ce dernier point semble avoir été négligé au bout de quelques années. Au-delà de cette vague semi-gouvernance régnait une anarchie propice à la délinquance. Des créateurs de mode, des artistes, des expatriés pleins aux as, des espions, des contrebandiers et des trafiquants d'armes se côtoyaient dans les cafés bordant la place du Petit-Socco. Les contrebandiers appréciaient Tanger parce que c'était un port franc et que rien ne pouvait y être considéré comme de la contrebande. Les bohèmes s'y plaisaient parce qu'on pouvait y consommer toutes sortes de drogues en provenance des montagnes du Rif. Tanger était l'un des rares endroits au monde où l'on pouvait afficher ouvertement son homosexualité sans finir en prison. Mieux encore, dans un lieu sans identité, personne n'avait à s'estimer étranger. D'une manière prévisible, les sentiments des Tangerois n'étaient guère pris en compte.

La richissime Américaine Barbara Hutton acheta en 1946 une maison dans la médina de la ville, qu'elle acquit au nez et à la barbe du dictateur Franco en faisant une offre plus importante. Le matin, elle arrosait ses petits déjeuners de vodka[22] et le soir, elle organisait des fêtes décadentes. La malheureuse héritière des grands magasins Woolworth disposait d'une longue liste d'invités célèbres : Truman Capote, Cecil Beaton, Matisse, Ian Fleming, T. S. Eliot, Orson Welles et Tennessee Williams traînèrent tous chez elle à un moment ou à un autre. Personne n'avait besoin de permis de travail à Tanger, et nombre d'écrivains s'y installèrent, mais rares furent ceux qui produisirent des œuvres pendant leur séjour. William Burroughs (qui, dans un état d'ébriété avancée, tua « accidentellement » sa femme d'un coup de feu en tentant de répéter la performance de Guillaume Tell) déclara que cela était dû à l'esprit de la ville, que « l'air y était stagnant » et que « tout y manquait de vigueur »[23]. Une sortie dans la tradition des auteurs paresseux qui blâment à peu près tout sauf eux-mêmes chaque fois qu'ils n'arrivent pas à atteindre leur quota de mots quotidien.

---

22. Barbara Hutton téléphonait au consul américain à n'importe quelle heure du jour pour se plaindre de ce que le Coca-Cola avait mauvais goût dans la zone internationale.

23. Cité par Iain Finlayson dans son livre *Tangier: City of the Dream* (1992).

Lorsque les Français exilèrent le populaire roi marocain Mohammed V à Madagascar en 1954, la population commença à se rebeller. Une poussée de nationalisme mit la Zone internationale à mal : un anti-pays débauché ne pouvait pas durer au sein d'un nouvel État musulman, même aussi tolérant (comparé à d'autres) que le Maroc.

SERVICE DE MATERNITÉ DE L'HÔPITAL CIVIL D'OTTAWA

19 janvier 1943

Dans la comédie des studios Ealing intitulée *Passeport pour Pimlico*[24], une bombe allemande qui n'avait pas encore explosé finit par éclater à Londres et exhume un document révélant que ce quartier de la capitale britannique est une partie oubliée du Duché de Bourgogne[25]. Soudain libérés de la juridiction du Royaume-Uni de l'après-guerre et n'étant plus astreints au rationnement alimentaire, les habitants de Pimlico se lancent alors dans le trafic de marchandises illégales, et la situation ne tarde pas à s'envenimer. Cela ressemble à une version fictive de l'histoire de la République de Cospaia (voir p. 77) ou peut-être même de celle du Moresnet neutre (voir p. 103), mais en réalité le scénariste du film s'est inspiré d'un tour de passe-passe territorial plus obscur encore concernant un service hospitalier pendant la Seconde Guerre mondiale.

---

24. Film britannique réalisé par Henry Cornelius et sorti en 1949. (*NdT*)
25. Charles le Téméraire (1433-1477) fut le dernier souverain du véritable Duché de Bourgogne.

Service de maternité de l'hôpital civil d'Ottawa

Canada

États-Unis

Population : 2 (en quelque sorte)   **Situation actuelle :** fait de
Cause du décès : une naissance   nouveau partie du Canada

Certes, c'est pousser le bouchon un peu loin que de considérer comme un « pays rayé de la carte » une maternité, mais, comme nous l'avons vu, les définitions légales du statut de nation sont si confuses que l'on ne peut passer à côté de cet exemple.

En 1940, l'Allemagne envahit les Pays-Bas, et la famille royale hollandaise dut s'exiler. La princesse Juliana trouva refuge dans la banlieue de la capitale canadienne, Ottawa.

Au cours de son séjour, elle tomba enceinte de son troisième enfant. Cela créa un énorme problème, car la constitution néerlandaise était inflexible sur un point : l'enfant ne pourrait s'inscrire dans la ligne de succession s'il naissait en terre étrangère.

Contrairement à une croyance populaire, les ambassades, tout en garantissant l'immunité diplomatique, sont considérées comme partie intégrante de leur nation-hôte, alors si vous projetiez d'accoucher dans la salle d'attente de l'ambassade de Suède pour que votre bébé obtienne la nationalité d'un pays moins horrible que le vôtre, n'y songez pas un instant. La princesse Juliana était donc confrontée à un dilemme, car revenir dans sa patrie contrôlée par les nazis n'était pas une option très attrayante. Le gouvernement canadien et quelques juristes de haut vol se portèrent alors à sa rescousse. Ils promulguèrent une loi permettant la création d'une zone « extraterritoriale » pour la naissance. Il aurait pu suffire de choisir un endroit précis, mais cela aurait laissé entière la possibilité que la princesse, sortie se promener, accouche brusquement et que le bébé naisse ainsi sur le sol canadien. La formulation de la loi résolut le problème en donnant « un caractère extraterritorial à tout lieu dans lequel l'héritière présomptive du trône de Hollande pourrait accoucher et dans lequel un autre héritier présomptif à ce trône pourrait être amené à naître ». Cela revint à créer une bulle errante autour du bébé, bulle qui devint, en termes légaux, une étrange zone non canadienne. Officiellement, il ne s'agissait pas non plus d'un territoire néerlandais, même si l'on accrocha un grand drapeau dans la maternité – qui donnait sur Holland Avenue. La bulle était en fait un non-territoire, une répétition microscopique de l'expérience de Tanger (voir p. 118), mais avec beaucoup moins de mauvaise poésie et de toxicos dans le vent.

À aucun moment au cours de la longue hésitation qui mena à la proclamation de cette bulle, quelqu'un fit observer : « Je ne sais pas ce que vous en pensez, mais tous nos concepts de nation et de citoyenneté, nos règles de succession royale, vous ne les trouvez pas un peu ridicules ? »

La princesse Margriet de Hollande fut mise au monde avec succès le 19 janvier 1943. Si Juliana avait décidé de commettre un meurtre au moment précis où elle s'apprêtait à accoucher, cela aurait généré une zone grise passionnante pour les juristes. Sans doute distraite, elle ne sauta pas sur l'occasion. Plus tard, en guise de remerciement, elle envoya 100 000 bulbes de tulipe au Canada[26].

---

26. Si elle avait fait ce cadeau trois cents ans plus tôt, au plus fort de la bulle spéculative sur la tulipe, ces 100 000 bulbes auraient valu 800 000 porcs, 1 200 000 moutons, 400 000 litres de bière ou 200 000 tonnes de beurre.

mensonges et royaumes perdus

RÉPUBLIQUE DE GOUST

xixᵉ siècle, plus ou moins,
à en croire ce qu'on lit dans la presse

Goust est un supposé micro-État qui ne savait pas qu'il était un micro-État : un seul village, d'une superficie inférieure à 2 km², juché à flanc de montagne, à 1 000 m d'altitude, pas loin de la frontière franco-espagnole, et uniquement accessible par un sentier passant par l'inquiétant pont de l'Enfer. La population locale revendiquait une exceptionnelle longévité[1] (on y trouvait plusieurs centenaires, sans que cela fût vérifiable), mais ces vieillards n'en finissaient pas moins par mourir, tout comme nous.

Perdu dans ses montagnes, à l'écart de tout, Goust n'était pas l'endroit idéal pour les enterrements. Le journal américain *Democratic Standard* expliqua en 1894 la solution trouvée à ce problème : « *Le col qui mène à la paroisse espagnole voisine de Laruns est si escarpé qu'il est impossible d'y transporter des charges lourdes. Les habitants de cette minuscule République montagnarde ont construit une glis-*

---

1. Selon les habitants de Goust, l'un des leurs aurait vécu jusqu'à 123 ans, mais on peut en douter. Si les Nations Unies estiment qu'il y aurait plus de 300 000 centenaires en vie à travers le monde, seule une personne a dépassé les 120 ans après vérification.

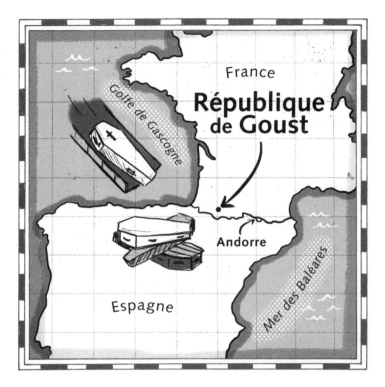

Population : inférieure
à 100 habitants
Cause du décès : probablement

le fait qu'elle n'a jamais existé
Situation actuelle : partie
de la France

---

sière qui leur permet de hisser ou de descendre les objets de poids, ainsi que les corps de leurs défunts. »

Un minuscule pays avec une large glissière pour se débarrasser des cadavres, c'était exactement le genre de détails prisés des journalistes du XIXᵉ siècle, l'équivalent des pièges à clics actuels. La question est : Goust était-il réellement un pays ? Les *fake news* peuvent sembler très modernes, voire d'actualité, mais elles sont aussi vieilles que le journalisme. À sa mesure, Goust fit sensation, même si ses habitants ne le surent pas. Il suffit de sonder les archives pour trouver des dizaines d'articles mentionnant « la plus petite République du monde ». Cette popularité peut s'expliquer en partie par les motivations spécifiques de chaque journal. Par exemple, la *Hawaiian Gazette* s'adressait aux lecteurs d'un petit royaume qui n'était pas encore complètement vendu aux États-Unis, aussi avait-elle l'évidente intention de démontrer que des nations indépendantes et isolées pouvaient s'en sortir toutes seules.

L'idée selon laquelle Goust n'appartint jamais à la France n'est pas entièrement stupide : la confrontation de l'Empire de Charlemagne à celui des Maures donna en effet naissance à un tas d'étranges petits États-tampons entre la France et l'Espagne. Mais le supposé statut de Goust semble plutôt tirer son origine d'une déclaration d'un ministre de l'Intérieur français, lequel aurait, en 1827, parlé de l'endroit en évoquant « une république » de manière purement métaphorique. Tout le monde l'aurait pris au pied de la lettre, oubliant – délibérément ou innocemment – la dimension « métaphorique » de la dite République. Si l'on met cela de côté, il y a un aspect semi-philosophique à prendre en considération : en réalité, un endroit aussi isolé que Goust pourrait *tout aussi bien* être un État indépendant. De même que l'arbre proverbial qui tombe dans la forêt sans personne pour l'entendre[2], si les gens pensent qu'un village est une république, et que ce village est si coupé du reste du monde que les changements politiques se produisant ailleurs ne l'affectent en rien, nos définitions légales et nos catégorisations ont-elles encore un sens ? Peut-être. Peut-être pas. À vous de voir.

Aujourd'hui, Goust est devenue un peu, mais seulement un peu, plus accessible grâce à une route construite il y a cinquante ans. Les habitants n'ont plus besoin de descendre les cadavres par la glissière[3].

---

2. Référence à la question philosophique (faussement) attribuée à George Berkeley : « L'arbre qui tombe dans la forêt fait-il du bruit si personne ne l'entend ? »

3. De nos jours, il y a des moyens plus technologiques de se débarrasser d'un corps : on peut le faire liquéfier ou on peut faire presser ses cendres en un disque vinyle. Certaines zones de la Papouasie-Nouvelle-Guinée et du Brésil ont un temps opté pour la pratique extrêmement écologique de l'endocannibalisme. Le Tibet préférait « l'inhumation céleste », c'est-à-dire donner le défunt à picorer aux oiseaux.

CACIQUAT DU POYAÏS

1821-1837

Une nouvelle manière de profiter des fêtes de fin d'année en Angleterre est de se rendre dans l'un des très décevants Winter Wonderland[4] du pays. Chaque année, sont vendues des tonnes de billets hors de prix donnant accès à des fêtes foraines sur le thème de Noël, lesquelles s'avèrent être un parking de banlieue avec deux pauvres arbres en plastique, une table à tréteaux, et un adolescent solitaire et grognon déguisé en elfe. Ce qui, comme prévu, contrarie tout le monde. Pour le Caciquat du Poyaïs, ce fut la même chose – à une échelle un peu plus grande.

Gregor MacGregor (son vrai nom, et l'une des rares choses authentiques à son sujet) fut un autre de ces héros de guerre décorés qui se transforma en homme d'affaires véreux. En 1821, il surprit la haute société londonienne en lui révélant contre toute attente qu'il était désormais le « cacique » d'un pays nommé Poyaïs. Le titre lui avait été donné par le roi de la Côte des Mosquitos (la partie orientale des actuels Nicaragua et Honduras). Et Poyaïs ? « Com-

---

4. On trouve dans ces parcs d'attractions britanniques de nombreux manèges, des restaurants, des patinoires et des marchés de Noël. *(NdT)*

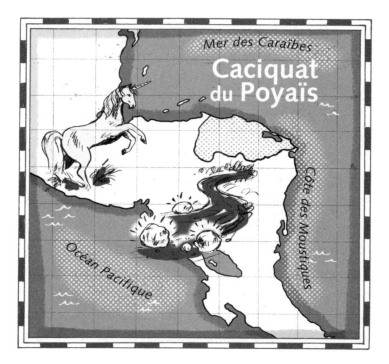

Monnaie: dollar poyaïsien (sans valeur)
Cause du décès: l'écrasante réalité

Situation actuelle: partie du Honduras et du Nicaragua

ment cela? Vous n'avez jamais entendu parler de Poyaïs? Peut-être devriez-vous prendre le temps de lire ce guide de trois cent cinquante-cinq pages, écrit par un certain Thomas Strangeways, qui est bien réel et n'est pas le nom de plume que moi, Gregor MacGregor, ai emprunté…»

L'ouvrage – complété par des illustrations – décrit en détail cette remarquable contrée ayant été négligée jus-

qu'alors. Il y est question de rivières rejetant régulièrement des pépites d'or sur leurs berges, d'indigènes non
seulement amicaux mais aussi passionnément anglophi-
les. D'un port et d'une ville florissants. Où on projetait de
bâtir un opéra. On y récoltait le maïs trois fois par an. Et
comme cadeau-bonus, pour les plus âgés, la clarté lunaire
y était si lumineuse qu'elle « permettait de déchiffrer les
plus petits caractères[5] ». Les investisseurs et les colons
potentiels étaient encouragés à coup de : « Offre unique !
Profitez-en avant épuisement des stocks ! » Et ça fonc-
tionna. MacGregor avait bien choisi l'emplacement : dans
les années 1820, l'Empire espagnol en Amérique latine
s'effondrait et de nouvelles nations naissaient. Leurs gou-
vernements avaient pris l'habitude de lever des fonds dans
la *city* de Londres et les spéculateurs guettaient avidement
de nouvelles perspectives. La seule raison pour laquelle
Poyaïs était resté inaperçue, expliqua MacGregor, c'était sa
crainte de se mettre à dos les Espagnols, ce qui avait empêché ses abondantes richesses de se déverser sur le monde.
Mais à présent que le pays était ouvert au commerce, tous
les espoirs étaient permis.

---

5. Fut aussi publiée une série de prospectus et de brochures dans le style
hyperbolique du scénariste de bande dessinée Stan Lee, créateur de nombreux
personnages de super-héros : « Poyaïsiens ! Toujours j'étudierai les moyens de
vous rendre heureux ! Poyaïsiens ! Votre future prospérité vous attend ! »

L'Écossais avait un autre atout dans sa manche : l'amer souvenir du fiasco de Darién (voir p. 83). Ses compatriotes avaient là une chance en or d'effacer la honte ressentie après l'échec de la Nouvelle-Calédonie. L'aventurier ne tarda pas à remplir un navire de colons motivés : artisans, banquiers, médecins, fonctionnaires, tout ce dont on a besoin pour créer une nouvelle société. Les malheureux gogos firent le long voyage à travers l'Atlantique. À leur arrivée, ils trouvèrent une jungle impénétrable. Et rien d'autre. Pas de port, pas de ville, pas de pépites rejetées par les rivières, et une lune d'une normalité suspecte. Débarquant quelques mois plus tard, une seconde expédition découvrit que les premiers colons étaient dans un état lamentable, ravagés par diverses maladies tropicales[6].

La question évidente qu'on en vient à se poser : pourquoi MacGregor poussa-t-il sa combine jusqu'à de telles extrémités ? Il avait déjà monté une arnaque fructueuse en 1817 en Floride et s'était enfui avec le magot. Il aurait pu faire la même chose, partir avec l'argent avant que ses victimes aient pris la mer. Peut-être nourrissait-il véritablement le rêve de gouverner son propre pays ?

---

6. Preuve du charme personnel de MacGregor, quand les colons s'aperçurent que Poyaïs était un trou perdu, ils refusèrent de l'en blâmer, estimant qu'il avait dû être victime de « mauvais conseils ».

A priori, le roi des Mosquitos avait « donné » le territoire à MacGregor – plus de 20 000 km², tout de même – en échange « de rhum et de babioles ». Le fait qu'une simple promesse et un bout de papier ne signifiaient pas grand-chose collait à l'esprit de l'époque : un tas de colonies avaient eu un démarrage aussi douteux. Peut-être MacGregor s'était-il dit que les pionniers parviendraient à tirer profit de Poyaïs ? Peut-être était-il un vrai sociopathe ? Quelle que soit la réponse, lorsque la nouvelle du sort des colons arriva à Londres, son affaire, déjà branlante[7], s'écroula, et il courut se réfugier en France. Et, bien sûr, il tenta d'y remonter exactement la même arnaque[8].

---

7. Si l'on s'en tient à l'étendue de la fraude, seul Bernard Madoff a su dépasser MacGregor.

8. Un peu plus vigilants, les Français arrêtèrent MacGregor. Mais son avocat et lui rédigèrent un faux témoignage de moralité d'une vingtaine de pages, expliquant combien il était formidable, et la justice finit par l'acquitter.

GRANDE RÉPUBLIQUE
DE ROUGH-AND-READY

7 avril-4 juillet 1850

Un nom de nation contenant l'adjectif « grand » est toujours un peu douteux. On sent le besoin d'en rajouter. On en vient à se demander si ce n'est pas un moyen de combler un vide. C'est la plaque d'immatriculation customisée de la dénomination nationale. Dans le cas de Rough-and-Ready[9], le vide qu'il s'agissait de combler n'était certainement pas l'illégitimité. Mais il n'y a pas de quoi l'exclure de ce livre pour autant, vu que son histoire est idiote et que les nations sont essentiellement des histoires idiotes, toutes plus invraisemblables les unes que les autres quand on y regarde de plus près.

En 1849, en pleine ruée vers l'or en Californie, une compagnie de prospecteurs bâtit l'avant-poste de Rough-and-Ready sur les lucratifs contreforts de la Sierra Nevada, près d'un site où une pépite d'or de plus de 8 kg avait été découverte. Le camp se transforma rapidement en petite ville-champignon de trois mille âmes. Les problèmes se présentèrent sous la forme de deux incidents : l'imposition d'une

---

9. Nom que l'on pourrait traduire par « Durs-et-Prêts-à-l'Action ». (*NdT*)

taxe minière particulièrement impopulaire dans toute la Californie et un litige judiciaire opposant un habitant du coin appelé Joe Swiegart à un étranger au nom beaucoup moins digne de confiance : Boston Ravine Slicker[10]. Les citoyens en colère organisèrent un référendum et choisirent de quitter l'Union. La sécession avait toujours eu du succès aux États-Unis, elle est même à l'origine de leur naissance et a contribué à l'élévation de l'individualisme forcené au rang de mythe national. Au milieu du xixe siècle, les Américains auraient probablement fait sécession avec n'importe quoi si cela leur avait rapporté un chapeau gratuit.

Les habitants de Rough-and-Ready rédigèrent donc une constitution (en fait une sorte de copié-collé de celle des États-Unis), créèrent un drapeau[11], désignèrent un colonel à la retraite comme président et continuèrent leur petit

10. Les détails de la filouterie de Boston Ravine Slicker (littéralement « Le combinard du ravin de Boston ») sont si peu convaincants que Joe Swiegart n'aurait jamais dû se faire avoir – si l'histoire est vraie ! La voici : Joe trouve un filon d'or, Slicker lui dit qu'il n'est pas important et lui parie qu'il est impossible d'en extraire 200 dollars de minerai en une journée. Joe accepte le pari, des juges sont désignés, et Slicker se met au boulot. Mais il arrête de creuser alors qu'il est sur le point d'extraire la quantité d'or pariée ! Joe est écœuré car il pense que Slicker simule l'épuisement, ce qui ne l'empêche pas de perdre le pari. Fin de l'histoire
11. Le drapeau de Rough-and-Ready est celui d'un pays qui ne mérite pas d'exister. Il fait penser à celui que le gosse débile de votre pote aurait pu dessiner et dont vous chercheriez désespérément à dire du bien. C'est un mauvais drapeau.

Population: 3 000 habitants
Cause du décès: alcool

Situation actuelle: partie
de la Californie, États-Unis

---

bonhomme de chemin. Tout se passa bien jusqu'au jour où ils se rendirent dans une ville voisine[12] pour y acheter de l'alcool en prévision de la fête nationale du 4 juillet qui approchait. Or les voisins lui opposèrent un refus de vente au motif qu'ils étaient désormais des « étrangers ». Ils leur

---

12. Voisine célèbre de la ville voisine: Lola Montès, l'aventurière et danseuse irlandaise qui faillit causer la perte d'un autre pays disparu (voir p. 24-25), vécut brièvement à deux pas de là, à Grass Valley.

firent aussi observer qu'ils n'avaient plus aucune raison de célébrer le 4 juillet vu qu'ils ne faisaient plus partie des États-Unis. Rough-and-Ready réunit promptement une nouvelle assemblée. Les participants admirent que l'individualisme forcené ne valait pas tripette s'il fallait rester sobre pour le pratiquer. Ainsi, moins de trois mois après avoir fait sécession avec la Californie, votèrent-ils en faveur du retour dans l'Union. Rough-and-Ready tenait à participer à la fête[13].

D'aucuns prétendent que la dispute sur le nom de la ville (la poste insista pour qu'elle soit nommée « Rough » ou « Ready », mais pas les deux) mena à une curieuse découverte en 1948 : la paperasse nécessaire à la réadmission de la République au sein de l'Union n'avait pas été faite. Sans doute vaut-il mieux ignorer ce détail, d'abord parce qu'aucun document officiel n'avait été prévu à cet effet et que toute cette histoire douteuse est simplement une bonne excuse brandie par une petite bourgade pour avoir sa propre fête annuelle et vendre des mugs à des touristes crédules.

---

13. Le douzième président des États-Unis, Zachary Taylor, qu'on surnommait « Old Rough and Ready » (« Vieux Rustique »), ne survécut pas longtemps à la République qui lui avait emprunté son sobriquet. Il mourut le 9 juillet 1850, après avoir mangé trop de fruits.

LIBERTALIA

Datation difficile, mais disons 1707,
à quelques années près

**Il longea la côte vers le nord jusqu'à sa pointe septentrio-
nale… Et sur bâbord, il découvrit un vaste havre très sûr,
où abondait l'eau douce. Il y jeta l'ancre, gagna la rive pour
examiner la nature du terrain, qu'il jugea riche ; l'air était
sain, le relief égal… C'était là un asile idéal.**

Le capitaine Misson avait déjà derrière lui une longue et
fructueuse carrière de pirate lorsqu'il décida de fonder une
utopie socialiste, Libertalia, sur la côte nord de Madagascar.

D'origine française, étonnamment instruit pour un pirate
– et même « honnête mathématicien » –, Misson avait la
réputation d'être sage et juste. Après avoir libéré les esclaves d'un négrier hollandais qu'il avait pris d'assaut avec son
navire, *La Victoire*, le capitaine nota : « Le commerce des
membres de notre espèce ne pourrait être agréable aux
yeux de la justice divine. » Nombreux étaient les pirates à
avoir le goût de l'égalité comparé au reste des gens de mer,
mais cette histoire alla au-delà de tout ce que l'on pouvait
imaginer.

Langues: pays polyglotte, « les différentes langues se mêlèrent, ce qui donna naissance à un nouvel idiome »

Cause du décès: « un grand massacre »

Situation actuelle: partie de Madagascar

Misson et ses boucaniers débarquèrent à Madagascar (au moins dix ans trop tard pour croiser le dernier dodo sur l'île voisine de Maurice) et fortifièrent la petite baie où ils avaient jeté l'ancre. Puis ils bâtirent un nouveau pays, un endroit où des individus de toutes croyances et de toutes nationalités pouvaient coexister pacifiquement avec les indigènes, car aucun homme n'y était supérieur à un autre. Ils votaient démocratiquement sur les sujets importants, ne se préoccupaient pas de religion, parlaient un sabir de leur invention et faisaient même un peu d'agriculture.

Cela semble un peu trop beau pour être vrai. Mais si les documents administratifs de Rough-and-Ready (voir p. 138) étaient pour le moins douteux et si Goust (voir p. 129) peut se résumer à une extravagance journalistique, Libertalia fut (*presque* à coup sûr) un bobard pur et simple. En 1724, la première édition d'*Une histoire générale des plus fameux pirates* du capitaine Charles Johnson apparut sur les étagères de la librairie de Charles Rivington à Londres. L'auteur, supposé être un marin lui-même, y détaille les vies de plusieurs boucaniers célèbres. La couverture du livre est sans originalité mais le titre est accrocheur, aussi l'ouvrage se vendit-il bien. Suffisamment bien pour qu'une édition enrichie voie le jour deux ans plus tard. Et c'est dans celle-ci que Misson – absent du texte d'origine – fait son entrée.

Pendant longtemps, ces récits furent pris pour argent comptant : Misson et sa Libertalia étaient présumés aussi réels que ses camarades Bartholomew Roberts, William Kidd, Anne Bonny et Mary Read. Mais là où les autres biographies de pirates étaient au moins en partie vérifiables, le livre de Johnson demeurait la seule source d'information identifiée dans le cas du capitaine Misson. Et Johnson lui-même semblait être un personnage surgi de nulle part.

Les sanctuaires de pirates existaient certainement dans des îles comme Madagascar, mais ils étaient rustiques, misérables et infestés de maladies. Rien de comparable à la fantaisie idyllique de Libertalia[14]. Il devint progressivement évident que cette histoire était une œuvre de fiction, même si elle contenait une part de vérité (l'arrivée à Libertalia du capitaine Thomas Tew, authentique pirate, aux environs de 1707, alors qu'il était mort depuis 1695, est un indice révélateur de la supercherie).

À partir des années 1930, un doigt soupçonneux fut pointé vers Daniel Defoe, celui-ci ayant un rapport distancié à la vérité et appréciant les pseudonymes[15].

Les aventures du capitaine Misson font vraiment penser à l'œuvre d'un auteur qui, ayant épuisé sa réserve d'his-

14. Lorsque Woodes Rogers, le corsaire anglais qui secourut Alexander Selkirk, le modèle du Robinson Crusoé de Defoe, se rendit à Madagascar pour y débusquer des pirates, il les trouva dans un grand « état de misère ».
15. À un moment, au cours du xxᵉ siècle, il fut même plus ou moins à la mode d'attribuer toutes les œuvres d'auteurs inconnus à Daniel Defoe, mais plusieurs autres candidats pourraient avoir été le mystérieux capitaine Johnson.

toires véridiques et ayant besoin de nouveaux matériaux pour rassasier un public avide, aurait décidé d'étoffer ses pages en les truffant de mensonges. Ce qui n'a rien à voir, il est important de le souligner, avec le fait de s'attarder sur une nation entièrement inventée dans le livre consacré aux vrais pays rayés de la carte que vous décidez d'écrire.

ROYAUME DU SIKKIM

1642-1975

En 1959, une jeune Américaine nommée Hope Cooke traînait au Windamere Hotel de Darjeeling, en quête d'aventures. Un après-midi, alors qu'elle sirotait un cocktail entre deux tasses de thé, son regard fut attiré par un homme. Celui de l'homme fut attiré par la jeune fille et tous deux se retrouvèrent aussitôt entraînés dans ce que la presse décrivit comme un roman à l'eau de rose de Mills & Boon[16]. Et cela aurait pu être le cas si Mills & Boon avait publié une collection intitulée « Nuits géopolitiques funestes : arnaqués par Nixon ! »

L'homme en question n'était autre que le prince Thondup Namgyal, futur roi du Sikkim, un personnage romantique venu d'un pays romantique qui n'était pas au mieux. Personne ne savait vraiment ce qu'était le Sikkim. Lorsque les Britanniques avaient commencé à s'emparer de gros morceaux du globe, il leur avait plu de s'engager sur la voie de « la manipulation sans précisions » – tant que l'Empire

---

16. Éditeur britannique spécialisé dans les romans à l'eau de rose dont les collections ont des titres tels « Irrésistibles Italiens » ou « Série médicale ». (*NdT*)

Population: 200 000 habitants
Capitale: Gangtok
(précédemment: Yuksom,
Rabdentse et Tumlong)
Langues: sikkimais, choke,
lepcha, népalais

Monnaie: paisa
Cause du décès: placé au
mauvais endroit au mauvais
moment
Situation actuelle: partie
de l'Inde

emplissait leurs caisses, qui, en toute honnêteté, se souciait des subtilités du droit? Ce flou général ne les gêna guère jusqu'à ce que le problème de l'indépendance de l'Inde se pose. Toutes les affaires opaques conclues et les traités nébuleux signés leur donnèrent alors des maux de tête.

Le magnifique et montagneux Sikkim, avec ses orchidées et ses panthères des neiges, était l'une des six cents principautés censées constituer la nouvelle Inde. D'un point de vue historique, il avait toujours été un lieu à part, plus bouddhiste qu'hindou, plus proche des Tibétains que de n'importe qui d'autre.

Heureusement pour le Sikkim, le premier Premier ministre de l'Inde, Jawaharlal Nehru, avait de la sympathie pour le petit État, qui parvint ainsi à garder le contrôle de son destin. Mais vu qu'il était stratégiquement coincé entre le Tibet, l'Inde, le Népal, le Bhoutan et la Chine, toutes les grandes puissances le regardaient comme un chien affamé dévore des yeux un bon gros jambon.

Lorsque Thondup demanda Hope en mariage, celle-ci ne se doutait pas du pétrin dans lequel elle allait se retrouver. La perspective d'avoir une jeune reine américaine ne plaisait guère au Sikkim. Les moines du pays tentèrent donc de retarder les noces en déclarant que l'année n'était pas propice. Un mouvement démocratique naissant, qui avait déjà commencé à contester l'autorité de Thondup, répandit dans la presse une rumeur selon laquelle Hope était une espionne de la CIA. (En fait, il n'en était rien, en revanche, les deux sœurs de Thondup transmettaient des notes au dalaï-lama au nom de l'agence de renseignement américaine.)

Le reste du monde pensait que cette idylle était un conte de fées, mais le mariage battit rapidement de l'aile. Thondup se mit à boire, pendant que Hope se défonçait en suivant un régime à base de «bouillons, de bananes, de valium et de cigarettes». Le royaume était dans une position impossible: les vents capricieux de la géopolitique changeaient si rapidement qu'il ne pouvait se rallier à un camp en particulier, même s'il l'avait voulu. Le Sikkim avait besoin d'amis, mais Kennedy et Nehru cédèrent bientôt leur place à Nixon et Indira Gandhi, et ni l'un ni l'autre ne méritait que vous lui confiiez vos plantes, et encore moins le sort de votre pays. Effectuant une complète volte-face, les États-Unis commencèrent à courtiser les Chinois. Inquiète, l'Inde décida de commercer avec la Russie. Le minuscule Bhoutan se vit offrir un siège à l'ONU, ce qui ne fut pas le cas du Sikkim[17].

De plus en plus mal en point, Hope eut l'imprudence de se moquer des ambitions évidentes d'Indira Gandhi pour son royaume en envoyant des invitations à des fêtes organisées dans une «Maison de l'Inde[18]» imaginaire. Thon-

---

17. Tombant sur le secrétaire général de l'ONU dans un avion, Hope tenta de plaider la cause de son pays, mais elle avait pris des calmants ce jour-là et elle finit par s'embrouiller.
18. Lorsqu'Indira Gandhi accepta de se rendre au Sikkim pour discuter de l'avenir du pays, elle croisa une manifestation d'écoliers brandissant des bannières qui disaient: «INDIENS DEHORS!». Cela ne la radoucit guère.

dup, lui, sombra de plus en plus dans l'alcool. Désireux de dynamiser l'économie du Sikkim, le couple s'envola pour New York afin d'y lancer une ligne de vêtements inspirée de la robe nationale du royaume. Mais l'affection de la presse américaine s'était refroidie : au lieu d'incarner le rêve romantique de la petite Américaine qui a épousé un roi, Hope était désormais présentée comme la Marie-Antoinette de l'Himalaya. Les moulins de la désinformation soviétiques, qui sévirent bien avant Facebook, se mirent à tourner. L'un des fils de Thondup fut accusé d'avoir voulu assassiner les leaders du mouvement démocratique du Sikkim en « déposant un engin explosif à proximité de l'endroit où ceux-ci se trouvaient ». C'était une exagération – il ne s'agissait que d'un stylo-feutre.

Quand Indira Gandhi décida de passer à l'action, ce fut rapide : il ne fallut que vingt minutes aux troupes indiennes pour soumettre la garde du Sikkim, et il n'y eut qu'un mort à déplorer. Thondup lança un appel à l'aide plaintif sur son poste de radio amateur.

Ayant déjà fui à New York, lasse de son mariage malheureux, Hope se retrouva apatride, ressortissante d'un pays qui avait cessé d'exister. Afin de lui permettre de rester en Amérique, le Congrès des États-Unis dut voter une loi rien que pour elle.

ROYAUME D'AXOUM

Environ 100-940

Parce que la mode est cyclique et que X (ex-Twitter) a une mauvaise influence, les nazis sont de retour sur scène depuis quelque temps. Il serait donc prudent de savoir où mettre la main sur une super-arme biblico-antique, juste au cas où l'on en aurait besoin pour faire fondre leurs stupides faces de nazis[19]. Il y a un moine[20] en Éthiopie qui jure en posséder une, l'Arche d'alliance originale, 100 % authentique, mais il ne vous la montrera certainement pas.

Pour beaucoup d'Occidentaux, l'Éthiopie et l'Érythrée sont synonymes de famine et de guerre civile, et si l'on se donne la peine de penser à l'histoire de la région dans

---

19. Allusion à la scène finale du film *Les Aventuriers de l'arche perdue* de Steven Spielberg (1981) au cours de laquelle les visages des nazis se mettent à fondre, punis par la colère divine, après avoir ouvert l'Arche d'alliance *(NdT)*.

20. Pour une raison mystérieuse, les moines n'utilisèrent pas leur arme de destruction massive antifasciste lors de l'invasion de la cité par les Italiens dans les années 1930. Les fascistes volèrent l'une des stèles géantes de la ville et l'expédièrent à Rome où elle fut dressée pour célébrer le quinzième anniversaire de l'accession au pouvoir de Benito Mussolini. En 2005, après des années de protestations, les autorités italiennes décidèrent de la renvoyer, mais cela s'avéra compliqué : la stèle était trop lourde pour être acheminée sur les routes d'Éthiopie, aussi fallut-il la charger sur un Antonov An-124, le seul avion assez grand pour la transporter. Mais celui-ci ne pouvait atterrir qu'au point du jour car se poser de nuit était impossible en l'absence de feux de piste et l'air est si raréfié sur le plateau éthiopien que l'aéronef ne pouvait rester en vol que par une température de - 51 °C.

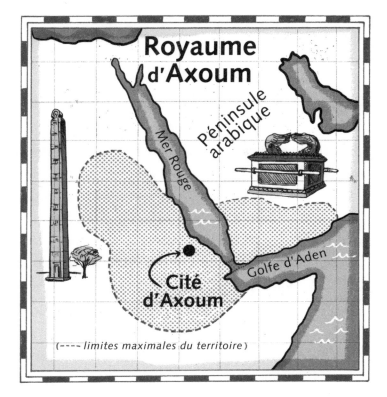

Population: inconnue

Capitale: Axoum (ou Aksoum)

Langue: guèze

Monnaie: pièces d'or, d'argent et de bronze

Cause du décès: économie moribonde, changement climatique, invasion ou, plus probablement, un mélange des trois

Situation actuelle: partie de l'Éthiopie

son ensemble, on a alors tendance à revenir quatre millions d'années en arrière, à l'époque de notre plus célèbre ancêtre, Lucy l'australopithèque. Cependant, cette partie de l'Afrique abrita un royaume, celui d'Axoum, qui dura presque un millénaire – et qui fut, autour du IIIᵉ siècle de notre ère, l'une des quatre grandes puissances mondiales. Selon la tradition éthiopienne, Axoum fut fondée par le fils du roi Salomon et de la reine de Saba. D'après la légende, celle-ci avait un sabot de chèvre parce que sa mère enceinte avait osé regarder une biquette avec convoitise « à la manière des femmes enceintes » (fait non reconnu sur le plan médical). Lorsque la souveraine se rendit dans le royaume d'Israël pour rencontrer Salomon, celui-ci fit polir les sols jusqu'à ce que « leur surface fût aussi réfléchissante que celle d'un miroir » afin de vérifier l'authenticité de la rumeur. Apparemment, c'était « faire preuve d'astuce », et non « abuser », que de polir les sols pour jeter des coups d'œil furtifs aux jambes des dames. Mais c'était une autre époque, les prophètes avaient parfois la vue basse, etc., etc.

Dans un récit alambiqué, la reine rentre enceinte chez elle, son fils Ménélik grandit, rend visite à son père, vole plus ou moins intentionnellement l'Arche d'alliance et la rapporte à Axoum, où elle se trouve toujours aujourd'hui, dans l'église Sainte-Marie-de-Sion. Comme par hasard, personne n'a accès à l'Arche, à part un moine dont l'unique devoir consiste à veiller sur elle jusqu'à sa mort, sa charge étant alors confiée à un autre moine. Cette histoire

paraît aussi suspecte que celle du gamin qui prétend posséder une carte Pokémon, une figurine de la Guerre des
étoiles ou un Lego Harry Potter rarissime mais ne peut
jamais apporter son trésor à l'école sous prétexte qu'il est
caché derrière une pile de boîtes de rangement trop lourdes à déplacer.

Le problème, c'est que cette histoire n'est pas corroborée
par les données archéologiques, lesquelles situent la fondation d'Axoum aux environs de 100 ap. J.-C., soit un bon
millénaire après Salomon. Même pour une vague estima-
tion préhistorique, un écart de mille ans constitue une
grosse erreur. Toutefois, avant Axoum il y eut le royaume
de D'mt, dont nous ne savons pas grand-chose, et les deux
civilisations ont pu se mélanger. Il n'est pas impossible
non plus que l'archéologie biblique soit un jeu de dupes,
car presque jamais rien n'y colle aux faits. Ce qui est certain,
c'est qu'Axoum frappait sa propre monnaie, s'étendit dans
la péninsule arabique, devint fabuleusement riche grâce au
commerce et dressa de spectaculaires obélisques en pierre,
décrits comme des « stèles », les gratte-ciel[21] de leur temps.

La fin d'Axoum fait débat, bien qu'il semble que les Axou-
mites aient été victimes de leur propre succès : une popu-

---

21. La plus haute stèle toujours debout à Axoum atteint 23 m (soit un peu plus
de cinq bus à étage). La plus grande stèle couchée mesure 33 m.

lation en essor continuel n'avait pas d'autre choix que de cultiver toujours plus, de manière plus intensive, pour nourrir tout le monde, surtout après que l'activité commerciale du royaume eut commencé à faiblir. L'érosion des sols devint catastrophique. Le géographe américain Jared Diamond décrit ce genre de politique à court terme comme une « amnésie du paysage » : « Y avait pas plus d'arbres et de verdure ici ? » « Oh, t'inquiète, je suis sûr que ça a toujours été comme ça. » Le même phénomène s'observa sur l'île de Pâques (voir p. 56). Le changement climatique au VIIIe siècle, et notamment la raréfaction des pluies aggravèrent la situation du royaume. Et Axoum finit par être une proie facile pour une reine guerrière dont l'identité demeure incertaine.

ROYAUME DU DAHOMEY

vers 600-1904

Le mythe grec des Amazones était censé être un conte édifiant, un avertissement contre la remise en cause du statu quo patriarcal[22]. « Voyez ce qui leur est arrivé ! Elles ont disparu ! Voilà ce que ça rapporte de renverser les rôles et de ne pas s'en tenir aux normes de genre ! Passe-moi ce papyrus, Socrate, il faut que j'écrive une pièce furibarde sur ces incapables de progressistes ! » Et cette mise en garde ne s'est jamais dissipée au cours des âges.

Abstraction faite des mythes aux motivations douteuses, on dispose d'une version plus récente et plus réelle des Amazones : le royaume du Dahomey, qui était situé dans l'ouest de l'Afrique, était en effet unique en ce qu'il s'enorgueillissait de son armée composée en grande partie de femmes. Les origines de ces guerrières (ou « mères », ainsi qu'elles s'appelaient elles-mêmes) sont discutées. Comme nombre d'éléments de l'histoire africaine, ce que l'on en sait a été filtré par les récits de visiteurs racistes, misogynes

---

22. Il est peu probable que les Amazones originelles de la mythologie aient existé, même si des fouilles archéologiques récentes en Russie ont révélé qu'elles auraient pu être des guerrières scythes.

Royaume
du Dahomey

Abomey

Ouidah

Golfe de Guinée

Fleuve Niger

Population : 300 000 habitants
(en 1700)
Capitale : Abomey
Langue : fon

Monnaie : cauri
Cause du décès : ruée vers
l'Afrique
Situation actuelle : Bénin

---

ou vicieux, voire – le plus souvent – une charmante combinaison des trois.

Dans l'un d'eux, le roi du Dahomey loue les mérites de ses « épouses » après une chasse à l'éléphant couronnée de succès, et elles de lui répondre : « Nous préférerions une bonne chasse à l'homme ! » Dans un autre, il est question d'une armée décimée que l'on avait étoffée avec des femmes pour la faire paraître plus imposante, recrues qui s'avérèrent bien plus redoutables que les soldats. Ce qui n'est pas contesté, c'est qu'au XVIIIe siècle, ces guerrières étaient des milliers, aussi féroces que terrifiantes, et si le besoin s'en faisait sentir, « elles étaient capables de dépecer une vache en moins de temps qu'il n'en faut à un abattoir européen » (selon un observateur français).

Leur rude formation militaire était typique d'un pays qui semble avoir pris un malin plaisir à se rendre la vie difficile. Les femmes devaient courir à travers de gros buissons d'épines d'acacia de 5 cm de long. Après quoi elles devaient « mimer » un combat, ce qui devait être agaçant, comme tous les mimes. Puis elles se ruaient à travers un autre buisson d'épines, simplement pour marquer le coup. Afin de les récompenser d'avoir terminé le parcours, on leur remettait une ceinture : cela peut paraître sympathique – qui n'aimerait pas se voir offrir une ceinture ? –, mais il y avait un hic : ces ceintures étaient faites d'*un tas d'épines supplémentaires* ! Pour finir, les guerrières devaient s'exercer à « l'insensibilité » en jetant des flopées de prisonniers du haut d'un mur élevé. Un visiteur snob critiqua leur manière de tenir leur mousquet vintage d'importation au niveau de la hanche, passant ainsi à côté du fait que c'est la manière la plus stylée de se servir de son mousquet vintage d'importation.

Sans doute vaut-il la peine de préciser que le Dahomey n'était pas *complètement* une nation proto-féministe. Les guerrières conscrites de force, dont certaines n'avaient que 8 ans, étaient techniquement toutes mariées au roi, et leur fonction principale – la fonction principale de tout le pays, en réalité – était de favoriser un commerce des esclaves en plein essor. Chaque année, le Dahomey partait ainsi en guerre sous un prétexte futile (en général une insulte imaginaire adressée à la mère du roi), dans le but de capturer et de vendre des êtres humains, la marchandise la plus prisée de l'époque.

La « Sparte noire », comme on vint à surnommer le Dahomey en Angleterre, fit vivre un véritable enfer à ses voisins pendant plus d'un siècle et demi, mais elle finit par se heurter à un obstacle : la colonisation française et ses mitrailleuses. La plupart des « Amazones » furent massacrées au cours d'une série de batailles sanglantes dans la dernière décennie du xixe siècle. Toutefois, quelques guerrières réussirent à échapper à la mort. Elles se firent passer pour des femmes ordinaires du Dahomey, se laissèrent asservir par des soldats français et leur tranchèrent la gorge dans leur sommeil.

SÉRÉNISSIME
RÉPUBLIQUE DE VENISE
697-1797

En 2018, quatre étudiants japonais déjeunèrent dans un restaurant de Venise. L'addition se monta à 1 100 euros. Quand l'histoire commença à circuler, les autorités touristiques vénitiennes firent leur meilleure imitation de Claude Rains dans *Casablanca* : « Je suis choqué, choqué de découvrir que l'on fait payer des sommes astronomiques aux clients de cet établissement ![23] », et colla une grosse amende au restaurateur pour s'assurer que cela n'arriverait plus jamais. Six mois plus tard, un café du voisinage défraya la chronique quand un touriste s'y vit réclamer 43 euros pour deux expressos et un verre d'eau.

Une réaction plus honnête aurait été de hausser les épaules et de renvoyer les mécontents à la longue (mille ans) et glorieuse histoire de la Cité des Doges en matière d'escroquerie. « Je t'ai écrit de Venise, mais le louable amour du gain, qui brûle d'une chaleur zélée dans la poitrine de tout Italien,

---

23. Dans ce film de 1942, réalisé par Michael Curtiz, le capitaine Renault, personnage interprété par Claude Rains, ordonne la fermeture d'un café sous prétexte qu'on s'y livre au jeu. Il s'écrie : « Je suis choqué ! Choqué ! » avant de récupérer discrètement ses gains. *(NdT)*

a poussé le gérant de l'hôtel à me faire payer l'affranchisse-
ment de la lettre et à la jeter au feu avec plusieurs autres. »
Ainsi Mary Shelley[24] se plaignit-elle d'avoir été plumée au
XIXᵉ siècle. Imposer des tarifs exorbitants est ce qui fit de
Venise la plus puissante république maritime du monde.

Tout commença par du sel. Lorsque la production de leurs
salines s'effondra, les Vénitiens durent se mettre à en importer. La cité payait bien ; les marchands locaux s'empressèrent donc de prendre la mer pour en trouver. À leur retour,
ayant aussi rapporté divers produits exotiques, ils s'aperçurent vite qu'ils pourraient gagner beaucoup plus d'argent en jouant les intermédiaires – en achetant bon marché
en Orient et en vendant au prix fort en Occident, et vice-
versa – plutôt que de produire les marchandises eux-mêmes.

Là où d'autres pays se laissaient distraire par des conflits
religieux et ethniques, la Sérénissime République de Venise
ne se souciait que du prix, développant ainsi une forme de
capitalisme à l'état pur[25]. Les Vénitiens arnaquaient leurs

---

24. Le copain de son mari, Lord Byron, vécut à Venise pendant trois ans. Il y avait
une ménagerie incluant des chiens, un loup, un lynx, des chats et un singe.
25. Bien entendu, cet amour du profit allait de pair avec un noir penchant : la
croyance répandue dans les sorcières et les mauvais sorts. L'un d'eux consistait
à voler une mèche de cheveux de la personne visée, à l'enrouler autour d'un
scorpion et à enterrer le tout dans le sable. La mort du scorpion entraînait alors
celle de la victime. Les verres de Murano, une production locale, devinrent
populaires en partie parce que les gens s'imaginaient qu'ils tremblaient ou
même se brisaient si l'on versait du poison dedans.

Sérénissime République de Venise

Venise

Population : environ 180 000 (en 1490)
Capitale : Venise
Langues : italien, vénitien

Monnaie : ducat vénitien, lire
Cause du décès : Napoléon
Situation actuelle : partie de l'Italie

concurrents, créèrent plusieurs des premières banques et furent les premiers à vendre du café en Europe. Les prêteurs sur gage, bannis presque partout en Europe, pouvaient opérer dans la ville en toute impunité. Le chef de l'État, le doge, avait tous les attributs spirituels habituels mais était, en pratique, le patron de la SARL Venise, présidant un conseil d'administration constitué d'aristocrates. Une flotte marchande de mille cinq cents navires aida cette entreprise en forme de pays à s'étendre progressivement jusqu'en Istrie, en Dalmatie, en Crête, à Chypre… Pour l'essentiel, la République ne se développa pas grâce à ses conquêtes mais profita de la confiance qu'elle inspirait. Les contrats de la cité étaient plus dignes de foi et les réseaux de la Sérénissime cité plus étendus que ceux de la concurrence. Quand la République avait le choix, elle préférait conserver des relations amicales avec un voisin – ce qui lui permettait de lui vider les poches plus facilement.

Sa neutralité calculée, qui favorisait tant ses affaires, finit par se retourner contre elle. Quand la cité tenta de rester en bons termes commerciaux avec l'Autriche et son ennemie coriace, la France napoléonienne, elle ne parvint qu'à irriter les deux camps. La marine de guerre de Venise ne disposant plus que de onze vaisseaux à cette époque, le général Bonaparte l'attaqua sans rencontrer d'opposition. Paniqué, le doge abdiqua et la République fut dépecée par les Français et les Autrichiens. La SARL Venise tomba, victime d'une OPA.

ROYAUME DORÉ DE SILLA

57 av. J.-C.-935 ap. J.-C.

Comme récit fondateur, celui-ci n'est pas totalement convaincant. Des villageois, un soir, aperçoivent une lumière mystérieuse qu'ils décident d'examiner de plus près. Ils découvrent alors un œuf rouge géant d'où sort un bébé impétueux au « visage radieux ». Le resplendissant enfant est sacré roi, le premier d'une dynastie qui va durer des siècles. Un royaume est né. Les animaux des environs se mettent à danser comme dans un dessin animé de Disney.

Les historiens ont tendance à ne pas accepter les explications à base d'œuf quand ils s'interrogent sur la naissance d'un pays. Une version plus crédible est que Silla (dont la signification littérale est : « embrassant les quatre directions par ses succès vertueux ») se développa à partir de l'une des douze cités-États qui dominaient la péninsule coréenne il y a deux mille ans. Les nombreux artefacts enfouis dans des tumulus nous ont appris que le Royaume avait progressivement tissé un immense réseau commercial – qui s'étendait jusqu'au Moyen-Orient – et que ses habitants aimaient vraiment les énormes tas d'or (d'où

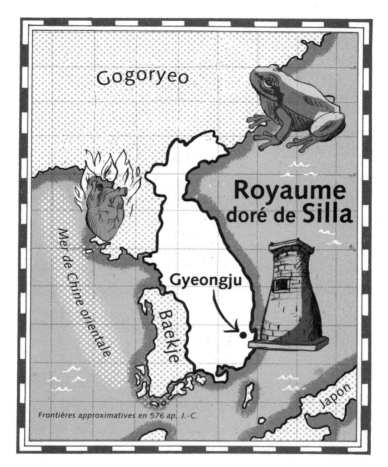

Frontières approximatives en 576 ap. J.-C.

Population : 2 millions d'habitants (au VIIIᵉ siècle)
Capitale : Gyeongju
Langue : sillan (vieux coréen)
Monnaie : oshuchon

Cause du décès : obsession du système de castes
Situation actuelle : partie de la Corée du Nord et de la Corée du Sud

le surnom clinquant de « Royaume doré »). En dehors de cela, les détails sont vagues. On dispose toutefois d'une liste complète des souverains, qui nous renseigne sur le grand pas involontaire qu'accomplit Silla en matière de progrès social.

Toute la société du royaume reposait sur un système de « rangs osseux ». Comme une lignée royale, mais en plus extrême, votre rang osseux vous imposait les couleurs que vous pouviez porter, les dimensions maximales de votre maison, la nature de votre travail – et à peu près tout le reste. Le rang le plus élevé – « l'os sacré » – indiquait que vous aviez hérité de sang royal par vos deux parents. Juste au-dessous, il y avait « l'os véritable » (un peu moins reluisant : un côté royal, un côté noble). Et l'on trouvait ensuite une variété de rangs non osseux de moins en moins importants. Seuls les membres de la caste de « l'os sacré » pouvaient monter sur le trône.

Cette hiérarchie hyper-rigide se heurta à un os d'une autre nature au milieu du VIIe siècle, quand les individus de sexe mâle issus de la caste régnante brillèrent brusquement par leur inexistence. Le pays dut alors choisir entre accepter une reine (option qui n'avait encore jamais été envisagée dans cette partie du monde) ou revoir à la baisse leurs critères de sélection. Il fut décidé que le genre importait *un peu moins* que la classe et Seondeok, la fille du roi Jinpyeong, fut ainsi couronnée en 632 ap. J.-C.

D'après la légende, elle se révéla assez sage pour pré-
dire l'arrivée d'une armée ennemie rien qu'en « apercevant
des grenouilles » et sa beauté était si grande que le cœur
d'un paysan qu'elle croisa explosa après s'être gonflé
d'amour à la vue de la souveraine, incendiant au passage
une pagode royale – le type de mort sociale embarrassante
que l'on cherche tous à éviter. Mythologie mise à part, Silla
se trouva assiégée en 643 ap. J.-C. La péninsule était alors
divisée en trois royaumes en guerre les uns contre les
autres : Silla, Baekje et Gogoryeo. La reine Seondeok envoya
un émissaire en Chine pour demander de l'aide à l'empereur. La réponse de Taizong fut un modèle de condescendance : il lui semblait évident que l'équilibre des choses
avait été rompu à Silla. Car tout homme doué de raison
savait que, selon les principes célestes du Yang – mâle et
dur – et du Ying – mou et femelle –, une femme ne pouvait
qu'occuper une position subalterne. Voilà donc pourquoi
les ennemis de Silla lui causaient tant de peine. Taizong
alla jusqu'à suggérer une solution : peut-être pourrait-il
installer l'un de ses hommes sur le trône à la place de
Seondeok ?

Soit dit à son crédit, la reine réussit à rejeter l'idée assez
poliment pour qu'une alliance fût tout de même scel-
lée et, dans les années qui suivirent, Silla parvint à con-

quérir les deux royaumes rivaux et à unifier la péninsule coréenne pour la première fois[26]. De plus, Seondeok a obtenu la marque de reconnaissance ultime pour n'importe quel grand souverain : elle a fait son entrée dans *Civilisation VI*[27] (bon, il s'agit de la suite de *Civilisation V*, mais ça compte quand même), exploit que Taizong n'a jamais pu accomplir[28].

---

26. Seondeok fit aussi construire le premier observatoire astronomique de l'Extrême-Orient : Cheomseongdae, qui existe toujours aujourd'hui. Toutefois, vu qu'il précéda de mille ans l'invention du télescope, l'instrument d'observation se résume à un trou « à travers lequel observer ».

27. Jeu vidéo de stratégie proposant au joueur de régner en maître sur le monde au fil des siècles. *(NdT)*

28. Silla eut encore deux reines par la suite, jusqu'à ce que la noblesse décide que remettre les femmes à leur place était peut-être plus important que la distinction de classe. Le prérequis de l'« os sacré » pour hériter du trône fut abandonné, mais le reste du système des rangs osseux perdura. La frustration croissante que cela engendra à tous les niveaux de la population, la progression sociale étant bornée par la naissance, contribua probablement à la chute de Silla au bout de mille ans, quand le Royaume doré se divisa en trois pays distincts.

KHWAREZM

1212-1220 (dans sa forme finale)

Les passeports sont importants. Certains peuvent aller jusqu'à de folles extrémités, jusqu'à paralyser des nations, pour s'assurer qu'ils sont de la bonne couleur. Gengis Khan les prit encore plus au sérieux. L'un des exemplaires de passeports mongols que l'on a retrouvés, un petit disque en métal, porte la mention suivante : « Je suis l'émissaire du Khan. Si vous me défiez, vous mourrez. » Sur un autre, l'inscription est encore plus succincte : « LAISSEZ PASSER OU MOUREZ ! » Si vous gouverniez un pays au XIIIᵉ siècle et qu'un type se présentait avec un de ces documents de voyage, il fallait être un idiot colossal pour ignorer de tels avertissements.

Le shah Ala ad-Dub Muhammad fut de ceux-là. Parmi tous les pays défunts de ce livre, comment ne pas penser que Khwarezm l'a bien cherché ? Occupant une grande partie de l'Asie, l'Empire du shah rivalisait par sa taille avec celui de Gengis, sinon par sa cohérence organisationnelle. Les relations entre les deux puissances furent glaciales dès le départ. Mais dans un élan qui ne lui ressemblait pas, Gengis vint proposer la paix et des échanges commerciaux, car

Population : 5 millions
Capitale : Gurganj, Samarcande, Ghazni et Tabriz
Langues : perse et kiptchak
Monnaie : drachme

Cause du décès : une totale absence de manières
Situation actuelle : en gros, l'Iran, l'Ouzbékistan, l'Afghanistan et le Turkménistan

il en avait assez de piller tout ce qu'il trouvait sur son passage. Il envoya une lettre amicale à Muhammad : « Je suis le souverain du soleil levant et toi le souverain du soleil couchant. » Même si c'était géographiquement exact, cela pouvait aussi être perçu comme une insulte pas très subtile, ce qui fut le cas de la part du shah.

Ainsi expédia-t-il à Gengis un cadeau un peu pourri : de la soie. On pourrait le comparer au coffret de 25 DVD de films classiques américains que le président Obama offrit maladroitement au Premier ministre britannique Gordon Brown. En privé, Gengis se montra dédaigneux : « Quoi, il s'imagine qu'on n'a jamais vu ce genre de truc ? » Mais il n'en laissa rien paraître. Il dépêcha un émissaire, Mahmud Yalavech, avec une énorme pépite d'or et un message oral à transmettre, dans lequel Muhammad était appelé « mon fils ». Cela ne fut pas non plus très bien reçu. Le shah accusa Yalavech d'être un espion, mais l'émissaire réussit à s'en sortir par sa verve et ses flatteries : il lui affirma que l'armée mongole était minuscule et inoffensive par rapport aux forces du Khwarezm. Muhammad lui permit de repartir, mais il continua de bouillir de colère en secret.

Puis une gigantesque caravane mongole entra dans la ville d'Otrar : plus de quatre cents marchands avec cinq cents chameaux et une centaine de chevaux. L'objectif du convoi était de pousser le Khwarezm à lever un embargo sur la toile (la Mongolie manquait de toile, ce qui est un sérieux problème quand toute votre civilisation est basée sur la tente).

Muhammad ne leva pas l'embargo. En fait, il alla même un peu plus loin en ordonnant le massacre des marchands qu'il accusa d'être des espions[29]. Un seul Mongol, qui était en train de prendre un bain, réussit à échapper à la boucherie. Il s'enfuit et revint tout raconter au pays. Chose incroyable, Gengis Khan, qui n'était pas célèbre pour sa tolérance, prit la nouvelle avec calme et proposa au shah une porte de sortie diplomatique. Il dépêcha trois émissaires chargés de transmettre sa proposition : le gouverneur d'Otrar ayant commis une « folle erreur », il suffirait de le livrer aux Mongols et tout serait réglé. Le shah répondit en faisant exécuter le chef de la délégation sur-le-champ et en expulsant ses deux compagnons, dont on prit soin de brûler la barbe au préalable. C'est à ce moment-là qu'un ambassadeur informa le shah que, d'après ce qu'il savait, il valait mieux ne pas se frotter à Gengis Khan et à ses Mongols. On suppose que le souverain lâcha alors un « Oups! » de regret. Le message suivant de Gengis alla droit au but : « Tu as tué mes hommes et mes marchands, et tu leur as pris ce qui m'appartient. Prépare-toi à la guerre, je viens avec une armée à laquelle tu ne pourras pas résister.[30] »

---

29. En plus de cette ridicule accusation, le shah se plaignit de ce que les marchands n'avaient pas utilisé le bon titre pour s'adresser à lui, ce qui donne une idée de la susceptibilité de cet enfant gâté.

30. Le shah ne se révéla pas meilleur chef de guerre que diplomate. Effrayé par les prédictions de son astrologue, il se cacha à l'arrière de ses troupes sans véritable chef. Contrairement à la plupart des prédictions des astrologues, celle-ci se confirma : le Khwarezm disparut.

états
fantoches
et prétextes
politiques

RÉPUBLIQUE DE FORMOSE

mai-octobre 1895

Certains États-nations – même immenses comme la Chine – ont bizarrement si peu confiance en eux qu'ils s'inquiètent quand, disons, le sommaire de votre livre contient le nom d'un pays dont ils ne reconnaissent pas l'existence. Au point de refuser d'imprimer votre ouvrage, ce qui vous oblige alors à le faire en Slovénie[1].

L'ironie de la chose, c'est que nous ne parlons pas ici de l'éternelle patate chaude du Tibet, mais d'une république dont le seul objectif était de *rester* une partie de la Chine – l'exact contraire du combat politique de l'île aujourd'hui.

Le nom « Formose » remonte au milieu du XVIᵉ siècle, quand un navire de commerce portugais, dérouté par un typhon, longea la côte orientale de l'île. Un membre de l'équipage, frappé par l'impressionnante beauté du paysage, la désigna comme l'*ilha formosa* (« l'île magnifique ») et le nom resta. Plus tard, elle devint une colonie hollandaise, puis une partie de l'Empire chinois. En Occident, elle

---

1. Faisant partie des Balkans, la Slovénie a inévitablement atteint un niveau de tolérance face aux aléas de l'existence légèrement supérieur à celui de l'indivisible Chine.

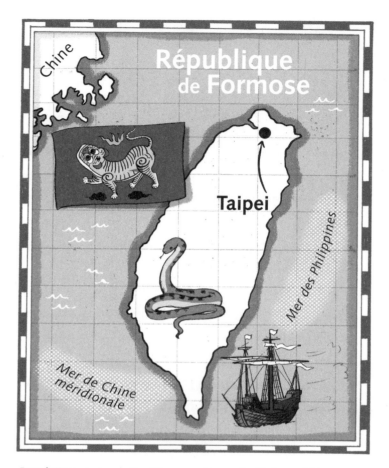

Population : moins de 3 millions d'habitants
Capitale : Taipei
Langues : taïwanais, formosan, hakka

Cause du décès : présidents incompétents, Japon
Situation actuelle : Taiwan, qui fait officiellement partie de la République de Chine

fit brièvement la une lorsque le Français George Psalmanazar publia une *Description historique et géographique de l'île de Formose* (1704) détaillant les curieuses coutumes des lieux. Les sociétés européennes se délectèrent de ses récits sensationnalistes : les Formosiens, qui vivaient nus, se nourrissaient de serpents ; les maris dévoraient leurs femmes si celles-ci leur étaient infidèles ; et les prêtres locaux sacrifiaient dix-huit mille jeunes garçons *chaque année*. En outre, tout le monde vivait sous terre, dans d'énormes maisons circulaires. Il est important de signaler que le livre de Psalmanazar ne contenait pas une once de vérité[2].

Dans la réalité, Formose était en difficulté à la fin du XIXe siècle. Coin reculé de l'Empire chinois, l'île attirait le genre d'administrateur que l'on trouverait aujourd'hui à la tête d'une société de chemin de fer privatisée.

La corruption et l'inefficacité étaient endémiques. Et sur le continent, cela ne se passait pas spécialement bien non plus. Le Japon venait d'infliger une terrible défaite militaire à la Chine – les deux nations se disputaient alors la Corée. Le traité de Shimonoseki imposa une paix humiliante aux Chinois et, entre autres choses, les Nippons exigèrent Formose.

---

2. Psalmanazar tenta le même coup en Angleterre, quand il y rapporta des faits tout aussi improbables sur ses voyages en Irlande, mais il se rendit compte alors que les Anglais étaient un peu trop nombreux à savoir à quoi ressemblait l'île d'Émeraude. Fait encore plus stupéfiant : il réussit à enseigner à l'université d'Oxford la langue formosane qu'il avait complètement inventée.

Le chef de la délégation chinoise tenta de persuader les Japonais qu'ils ne pouvaient pas *vraiment* vouloir de cette île, qu'elle était infestée de malaria et d'opiomanes. Le Japon vit clair dans le jeu de la Chine et campa sur ses positions. Une date fut choisie pour la cession de Formose. De manière prévisible, nombre de ses habitants se sentirent trahis par la mère-patrie et les élites locales se rebellèrent. À contrecœur, le gouverneur T'ang finit par proclamer l'indépendance : « Les lettrés et le peuple de l'île sont décidés à résister à l'assujettissement au Japon. Ils ont donc déclaré la République indépendante de Formose, tout en reconnaissant la suzeraineté de la dynastie sacrée des Qing. » Ils espérèrent à tort que les Britanniques se mêleraient de l'affaire pour protéger cette courageuse nouvelle nation contre les envahisseurs nippons. On se demande bien qui avait pu leur donner cette idée car, de toute évidence, cela n'était pas la façon d'opérer des Anglais.

Quand le premier contingent japonais se présenta, le gouvernement auto-proclamé s'enfuit aussitôt, ce qui poussa la foule en colère à incendier ses bureaux. T'ang se rendit dans un port pour une soi-disant inspection militaire et en profita pour sauter dans un navire allemand en partance – ce qui lui valut le surnom de « Président de Dix Jours ».

Une petite unité de l'armée japonaise mit la main sur la capitale, Taipei, en vingt-quatre heures, mais le sud de l'île se montra plus coriace à conquérir. Un général victorieux surnommé Liu le Pavillon Noir accepta (lui aussi) à contre-cœur de servir de nouveau président. Il tenta d'ouvrir des négociations, mais les Nippons n'étaient pas d'humeur à bavarder. Avant peu, le président n° 2 fila lui aussi trouver refuge sur le continent – pour passer inaperçu, il se déguisa en réfugié vêtu de haillons. Après deux jours de chaos au cours desquels cinq cents insulaires furent tués, la plupart des négociants et des boutiquiers se déclarèrent prêts à accueillir l'occupant japonais car, estimèrent-ils, il ne pouvait pas être pire que leurs deux présidents précédents.

L'héritage de cette éphémère République est des plus singuliers. Bien qu'elle ait tenté de rester dans le giron de la Chine, l'île, désormais appelée Taiwan, est aujourd'hui le porte-drapeau de tous ceux qui revendiquent leur indépendance (d'autant que le drapeau en question est formidable : un lion joyeux qui a l'air d'être une très bonne pâte). Les Taiwanais semblent avoir appris qu'il ne leur faut compter ni sur la Chine ni sur quiconque pour leur venir en aide quand les choses se gâtent.

RÉPUBLIQUE
DE FLORIDE OCCIDENTALE
septembre-décembre 1810

Ce matin-là, les portes du fort San Carlos avaient été laissées ouvertes, aussi la cinquantaine de révolutionnaires assemblés à l'extérieur n'eurent-ils plus qu'à entrer. Après un mol échange de coups de feu avec les soldats espagnols de la garnison, leur révolution, d'une facilité inattendue, triompha. Ils prirent donc le fort et hissèrent leur drapeau pour annoncer la naissance de l'État de l'Étoile solitaire. Non, pas le Texas, mais le premier État à revendiquer ce nom, c'est-à-dire la République de Floride occidentale.

Précisons tout de même que si l'État de l'Étoile solitaire originel ne fut pas le Texas, comme on le croit, ce ne fut pas non plus la Floride en réalité. La raison : la République de Floride occidentale se situait dans ce qui est aujourd'hui la Louisiane. Et si cela prête à confusion, c'est en partie parce que tout prêtait à confusion en Amérique[3] au début

_____

3. Ce qui prêtait encore plus à confusion, c'est qu'il allait aussi exister une République des Florides quelques années plus tard. L'histoire démarra là aussi avec la prise d'un fort San Carlos – pas le même – par un groupe de soldats. Cette République ne donna pas grand-chose, vu que son inspirateur n'était autre que le futur cacique de Poyaïs (voir p. 133), Gregor MacGregor.

République de Floride occidentale

Saint Francisville

Golfe du Mexique

Capitale : Saint Francisville

Monnaies : réal espagnol colonial, dollar américain

Cause du décès : avalée par les États-Unis

Situation actuelle : partie de la Louisiane

---

du xixᵉ siècle. En 1803, de l'autre côté de l'Atlantique, Napoléon manquait de liquidités : tenter de s'emparer de l'Europe revient cher. Il proposa donc aux États-Unis de leur vendre la Louisiane. Pour cette bonne affaire du siècle, la jeune nation déboursa cinquante millions de francs, et récupéra un bout de territoire français qui s'étendait de La Nouvelle-Orléans au sud jusqu'au Canada au nord, et du Wyoming à l'ouest jusqu'à l'Iowa à l'est. Léger problème : on n'était pas vraiment sûr que la France possédait tout ce qu'elle vendait. L'Espagne revendiquait, depuis l'époque où elle avait cédé cette immense région à la France, une petite zone qui n'avait pas été incluse dans le traité – une bande de terre située entre Bâton-Rouge à l'est et la ville floridienne de Pensacola à l'ouest. Les États-Unis ne tenaient pas à déclencher une guerre. Ainsi le territoire disputé, malgré l'afflux d'Américains, continua-t-il d'être régi par la loi espagnole. Tout se passa bien pendant un certain temps, mais les habitants de la Floride occidentale, du moins certains d'entre eux, ne tardèrent pas à accuser l'administration espagnole d'être de plus en plus corrompue.

Ce groupe de révolutionnaires en herbe se mit donc à comploter. Melissa Johnson (l'épouse de l'officier de cavalerie chargé de mener la révolte) dessina le drapeau de l'indépendance : une étoile blanche sur fond bleu[4]. Puis la troupe marcha sur le fort San Carlos de Bâton-Rouge. Après sa victoire presque décevante, vu qu'elle n'avait été obtenue qu'en soixante secondes, la République de Floride

---

4. L'héritage : la République ne se contenta pas de céder son drapeau au Texas indépendant, elle contribua aussi à lancer cette lubie de la « destinée manifeste » (voir p. 42, chapitre sur la République de Sonora).

occidentale dura soixante-dix-huit jours, sous la conduite du fort bien nommé Fulwar Skipwith[5]. Puis les États-Unis engloutirent discrètement la nouvelle nation, et tout cela sans avoir à lever le petit doigt. Mais la Floride occidentale ne mourut pas avant que ses citoyens eussent composé un hymne national. Leur pays y est appelé « Floridie » pour que cela rime avec « tyrannie » – choix poétique plutôt médiocre, quelle que soit la manière dont on l'interprète.

5. Nom que l'on pourrait traduire littéralement par « guerre totale » et « passer en coup de vent ». *(NdT)*

MANDCHOUKOUO

1932-1945

Au milieu du XIXe siècle, le Japon émergea d'un sommeil volontaire, se frotta les yeux, regarda autour de lui toutes les atrocités que pouvaient se permettre les Européens et déclara : « Eh, les gars, vous vous croyez méchants ? Tenez un instant ma bouteille d'Asahi, bandes de sales colonialistes, je vais vous montrer comment faire.[6] »

En cinquante ans, les Japonais menèrent une guerre en Corée et arrachèrent Formose aux Chinois, mais cela n'étancha pas leur soif d'expansionnisme.

De nouvelles perspectives se présentèrent sous la forme d'un train. À la fin des années 1800, le tsar Alexandre III se dit qu'il pourrait être amusant de voyager à travers son vaste Empire avec un peu de style – idéalement en disposant d'un wagon-restaurant et d'un chef attitré. Ainsi décida-t-il de lancer l'achèvement de la construction du Transsibérien. Impatients d'en finir, les ingénieurs choi-

---

6. Pour être honnête, le Japon se rendit compte qu'il devait désormais faire un choix : ou peser de tout son poids sur le monde ou s'exposer au même triste sort que celui de tous ceux dont s'étaient occupés les Européens.

sirent le tracé le plus direct, ce qui impliquait un raccourci par la Chine.[7]

Puis la Russie et le Japon ne tardèrent pas à en découdre. Cette guerre-éclair et le traité de paix qui en découla permirent aux Japonais de s'emparer du territoire chinois où passait justement le Transsibérien.

Officiellement, ils ne prirent le contrôle que de « l'étroite zone ferroviaire du sud de la Mandchourie », ainsi qu'on l'appelait, mais ils s'empressèrent de bâtir des habitations le long de la voie ferrée. Cette expansion rampante de l'Empire du Soleil levant n'allant pas assez vite pour son gouvernement, il ne lui fallut qu'une excuse pour accélérer les choses.

De nos jours, rien ne se passe dans le monde sans que des cinglés de la toile se mettent à hurler : « Opération sous faux drapeau ! » En 1931, c'était encore une ruse relativement nouvelle. Les Nippons firent sauter une petite section de leur chemin de fer[8] et accusèrent les « terroristes chinois » d'avoir commis le forfait. Ils n'avaient pas besoin

---

7. La Russie fut autorisée à construire le Chemin de Fer oriental chinois à travers la Mandchourie grâce à une concession accordée par la chancelante dynastie Qing, qui n'était plus guère en position de s'opposer à quoi que ce soit à ce stade des événements.

8. Avant le Mandchoukouo, les Japonais avaient déjà fait sauter un train pour se débarrasser d'un irritant chef de guerre, aussi cette pratique leur était-elle quelque peu familière.

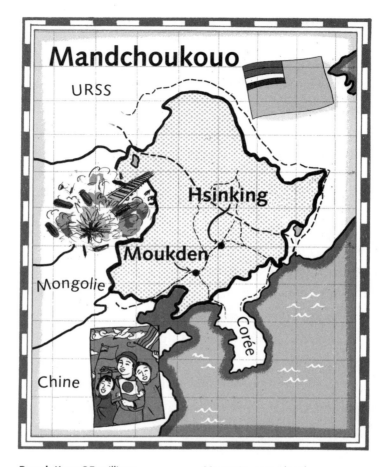

Population: 35 millions d'habitants
Capitale: Hsinking, Tonghua
Langues: japonais, mandchou, mandarin

Monnaie: yuan local
Cause du décès: Seconde Guerre mondiale
Situation actuelle: partie de la Chine

---

d'un autre prétexte. Mais le reste du monde comprit instantanément les intentions du Japon parce que son plan était nul[9]. La Société des Nations manifesta bruyamment son courroux, mais échoua totalement quand il s'agit de passer à l'action. L'armée impériale envahit donc la région et le Mandchoukouo (littéralement « état de Mandchourie ») vit le jour en 1932.

Ce fut d'abord une république fantoche avant de se changer en royaume fantoche. En mettant le dernier empereur de Chine, Puyi, à sa tête (et en se servant de lui comme d'une marionnette), le Japon donna une – fausse – légitimité à sa création. Tous les pays sont des exercices de relations publiques dans une certaine mesure et le Mandchoukouo ne dérogea pas à la règle. Toutefois, la propagande fut si exagérée, et si contraire à la réalité, que tout cela nous apparaît aujourd'hui comme une sinistre blague. Des affiches représentant des enfants aux joues roses et aux origines variées surgirent un peu partout pour louer le nouveau pays. Dans un livre censé montrer « la vie quotidienne », on trouvait la photo d'une famille légendée ainsi : « Un membre de l'intelligentsia du Mandchoukouo pose volontairement avec son épouse et leurs deux enfants. » Petit conseil pour un futur régime fantoche qui tenterait

---

9. Et reposait sur des mensonges : la rumeur selon laquelle le Vatican aurait fait partie des pays ayant reconnu le Mandchoukouo, popularisée par le film de Bernardo Bertolucci *Le Dernier Empereur*, est fausse, même si le souverain pontife y avait envoyé un émissaire.

de se donner une légitimité : renoncez à l'adverbe « volontairement », c'est ce qui vous trahirait.

Derrière cette façade guillerette, des minorités ethniques non désirées furent exterminées avec des armes chimiques. L'unité 731 conduisit des expérimentations sur des êtres humains encore pires que ce que les nazis imaginèrent, et tout cela sous l'appellation rassurante : « Service de Prévention des Épidémies et de la Purification de l'eau ». L'hyper-nationalisme du Japon mena inévitablement à une nouvelle dispute avec les Russes. Cela ne se passa pas aussi bien que la fois précédente : les Soviétiques envahirent le Mandchoukouo avec un sens du timing remarquable, deux jours après Hiroshima.

RÉPUBLIQUE RIOGRANDESE

1836-1845

Nombre de nations éphémères furent fondées sur quelque chose qui peut sembler sans importance. Rough-and-Ready s'opposa à la taxe minière californienne (voir p. 138). La ville de Menton déclara son indépendance après que Monaco eut essayé de la pressurer avec une taxe sur les citrons (si vous adorez les citrons, il est toujours possible de se rendre à la fête du Citron qui se tient chaque année à Menton et lors de laquelle de colossales sculptures faites entièrement en citrons sont exhibées). Pour les gauchos d'Amérique du Sud, la raison de la discorde fut la viande de bœuf séchée.

Pedro Ier, empereur du Brésil, venait de l'une de ces familles difficiles au sein desquelles on se sent terriblement mal à l'aise à Noël. Il avait déjà gagné une guerre d'indépendance contre son propre père, le roi du Portugal. À la mort de celui-ci, Pedro aurait pu devenir le souverain des deux pays, mais il choisit de renoncer à la couronne du Portugal en faveur de sa fille, Maria, pour pouvoir se concentrer sur le Brésil. Le frère cadet de l'empereur s'empressa alors d'usurper le trône portugais. Pedro retourna en Europe afin

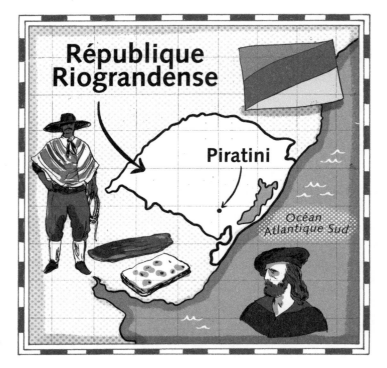

République Riograndense

Piratini

Océan Atlantique Sud

Population : environ 350 000

Capitales : Piratini, Alegrete, Caçapava do Sul, Bagé, São Borja

Langue : portugais

Monnaie : réal du Brésil

Cause du décès : fluctuation des prix

Situation actuelle : partie du Brésil

---

de régler ce nouveau conflit familial : il abdiqua et céda le Brésil à son fils.

Mais Pedro II n'avait que 5 ans et les enfants de cet âge ne sont pas réputés pour leurs talents de diplomate, aussi le Brésil se retrouva-t-il dans une situation délicate. La vacance du pouvoir a tendance à accentuer les griefs. Les gauchos formaient un groupe qui avait ses doléances. Les gauchos sont la version sud-américaine des cow-boys : durs, indisciplinés, aimant les bons chevaux. Ils contrôlaient les immenses prairies de la province du Rio Grande do Sul, dont la superficie atteignait presque la moitié de celle de la France. C'est là qu'ils élevaient des bovins et produisaient des tonnes de viande de bœuf séchée[10]. Or les importations de bœuf séché meilleur marché en provenance du reste de l'Amérique latine avaient commencé à envahir le marché brésilien, ce qui déplaisait fort aux gauchos. On se lança quelques insultes de part et d'autre : les gauchos appelèrent « chameaux » les membres du gouvernement royaliste et les royalistes décrivirent les gauchos comme des « loqueteux » (en raison de l'état de leurs vêtements de travail). Ainsi débuta la « guerre des Loqueteux ».

« Déclarons la république ! » étant un meilleur cri de ralliement que « Non à la viande de bœuf séchée étrangère à prix cassé ! », le soulèvement feignit de se donner l'indé-

---

10. Comment préparer la viande de bœuf séchée : découpez un morceau de steak de votre choix (la bavette convient) en fines lamelles d'1 à 2 cm d'épaisseur. Tranchez-la dans le sens de la fibre pour que la viande soit plus facile à mâcher. Assaisonnez selon votre goût avec du poivre, du sel, de la sauce de soja, de la sauce Worcestershire, etc. Mélangez le tout dans un bol puis laissez mariner au réfrigérateur au moins quelques heures. Si vous ne possédez pas de déshydrateur alimentaire, étalez les lamelles sur une grille placée au-dessus d'une plaque de four et faites cuire à 80 °C pendant trois heures. Retournez la viande et laissez-la cuire pendant trois heures supplémentaires.

pendance comme objectif. La chance voulut que de nombreux Italiens aux aspirations républicaines traînassent alors à Rio, où ils organisaient de bruyantes « réunions secrètes ». Ils se retrouvaient dans des cafés et y tenaient, à la manière d'étudiants, de ferventes conversations politiques. L'un d'eux, un certain Giuseppe Garibaldi, fatigué de ces discussions interminables, réclamait de l'action. À l'occasion d'une visite en prison, il rencontra l'un des chefs des Loqueteux récemment capturé, ce qui le persuada de rejoindre leur cause.

Quarante années devraient encore s'écouler avant que des biscuits anglais soient nommés en son honneur et qu'il devienne le modèle de petites figurines en porcelaine vendues dans les meilleures boutiques de Londres, mais il était déjà un brillant stratège militaire. Accompagné par sa maîtresse Ana, aussi audacieuse que lui, il mena une petite flotte gaucho à une victoire des plus improbables. Le 11 septembre 1836, la République riograndense proclama son indépendance, même si la guerre en cours et la vie itinérante des gauchos l'obligèrent à changer de capitale cinq fois en l'espace de neuf ans d'existence. Toutefois, à la grande déception des révolutionnaires italiens, les gauchos se moquaient bien des nobles idéaux républicains. Dès que le Brésil accepta de protéger leurs profits sur

la vente de bœuf séché, leurs intérêts particuliers triom-
phèrent et le nouvel État revint paisiblement se dissoudre
au sein de l'empire. Si l'intention de Garibaldi avait été de
créer un pays, il lui fallut donc retenter sa chance ailleurs.

RÉPUBLIQUE DU MARYLAND

1834-1857

Il y avait deux types de Blancs dans l'État américain du Maryland dans les années 1830 : les racistes purs et durs, et les racistes modérés qui valaient à peine mieux. Les racistes purs et durs étaient esclavagistes. Les racistes modérés s'opposaient à l'esclavage mais pensaient que les anciens esclaves tourneraient mal, c'était inévitable. L'idée partagée par les deux groupes était simple : ne serait-ce pas formidable si l'on pouvait persuader tous les gens de couleur d'aller vivre ailleurs ? En Afrique, peut-être...

Pour l'essentiel, ce plan n'enthousiasma pas les Noirs du Maryland. En partie parce que l'Afrique avait la réputation d'être infestée de serpents et de cannibales, mais aussi parce que les esclaves affranchis estimaient – à juste titre – qu'ayant vécu dans le Nouveau Monde depuis plusieurs générations, ils étaient aussi américains que leurs voisins blancs. Toutefois, la Société de Colonisation de l'État du Maryland (une ramification de la Société de Colonisation américaine pour les Personnes de Couleur des États-Unis), qui venait juste de se former, réussit à convaincre un petit groupe de mettre la voile pour la côte occidentale de l'Afri-

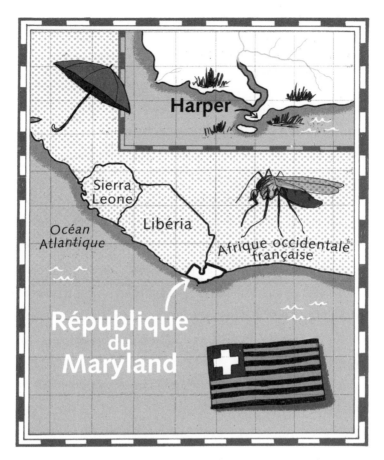

Population : 1 100 habitants
Capitale : Harper
Langues : anglais, grebo
Monnaie : dollar américain

Cause du décès : famine
et voisins inamicaux
Situation actuelle : partie
du Libéria

que. Difficile de blâmer ceux qui acceptèrent la proposition car, à cette époque, être un esclave affranchi était à peine préférable à la servitude : vous n'aviez aucun droit, ne pouviez pas voter et étiez presque à coup sûr au chômage. Le bateau loué par la Société était couvert de bernaches et le capitaine était un ivrogne, mais comme tous les colons, les passagers rêvaient d'une vie meilleure.

Même si, quelques années plus tôt, la colonie du Libéria avait été fondée pour offrir un foyer aux esclaves affranchis, la Société du Maryland décida d'agir en solo. Le Dr James Hall était le cerveau de l'opération. Cet homme malade résistait à tous les traitements, notamment à la « thérapie antiphlogistique » – le remède, d'une inexplicable popularité à l'époque, impliquait d'irriter une partie du corps afin de réduire l'inflammation d'une autre. Après étude des cartes du Libéria, il finit par choisir une zone apparemment fertile, le cap Palmas, pour son « Nouveau Maryland ».

Malgré le capitaine porté sur la bouteille et les bernaches collées sur la coque, les passagers survécurent au voyage et le Dr Hall alla « palabrer » avec le roi Freeman, représentant de la population locale, les Grebos. Ils débattirent du prix à payer pour la terre. Généralement, quand on pense à ce genre de négociations, on imagine des Occidentaux rusés abusant de la bonne foi d'indigènes naïfs. Mais, dans ce cas précis, difficile de savoir qui arnaqua qui. Par le passé, de potentiels colons avaient déjà donné diverses breloques en échange d'hectares de terre dans le coin. Ils s'étaient invariablement rendu compte que l'endroit était trop coriace et hostile. Ils avaient renoncé à leur projet et étaient repartis. Les Grebos jugèrent sans doute que l'histoire avait de bonnes chances de se répéter, alors pourquoi ne pas faire semblant de vendre leurs terres, vu qu'il ne s'agirait que d'un marché temporaire[11]?

Évidemment, les colons eurent à lutter. Les toits de leurs maisons fuyaient et les sols de celles-ci étaient boueux. Les marais de la mangrove étaient infestés de malaria[12]. Ils dépendaient des indigènes pour leur approvisionnement en nourriture, mais les dernières récoltes avaient été si mauvaises qu'il n'y avait rien à manger. Lorsqu'ils tentèrent

---

11. Voici les exigences des indigènes pour leurs terres : 6 litres de rhum, 20 caisses d'armes à feu, 20 barils de poudre, 20 balles de coton, 20 bouilloires en laiton, 20 boîtes de chapeaux, 20 boîtes de coutelas, 20 boîtes de perles, 100 pots de fer, 20 boîtes de loupes, 1 200 casquettes rouges, 200 barres de fer, 20 couteaux, 20 caisses de cuvettes, 20 barriques de tabac, 1 caisse de parapluies, 100 boîtes de pipes, 20 tonnelets de pierres à silex, 2 grandes caisses de gros fil de cuivre, 288 cuillers, 432 fourchettes, 100 gobelets, 100 bouteilles de vin, 20 boîtes de savons, 10 000 hameçons, 100 seaux en étain, 100 cruches en pierre, 20 bonbonnes, 20 caisses de boîtes de tabac à priser, 20 boîtes de bougies, 2 caisses de cloches, 20 costumes, 3 lits et châlits, 6 caisses de tissu, 3 bicornes, 6 épaulettes, 36 drapeaux (source : Richard L. Hall, *On Afric's Shore : A History of Maryland in Liberia 1834-1857*).
12. Le Dr Hall utilisa le « sulfate de quinine » pour prévenir la malaria avec soixante ans d'avance, bien qu'il n'eût pas la moindre idée de la raison de son efficacité. La science médicale de l'époque croyait que la maladie était causée par la mangrove et non par les moustiques.

de cultiver leurs terres, ils échouèrent lamentablement. La plupart se contentaient de bouts de palmiers-choux et de feuilles de patates douces. Une dispute au sujet du prix des moutons mena à une violente révolte. Le Dr Hall essaya d'intervenir auprès des autochtones afin qu'ils cessent leurs procès en sorcellerie, mais cela ne se passa pas bien. Et il s'avéra que le roi Freeman ne régnait sur rien, contrairement à ce qu'il avait déclaré.

Quand le Libéria s'émancipa de la tutelle de la Société de Colonisation américaine en 1847, la République du Maryland en fit autant, même si cette proclamation ne signifiait pas grand-chose. La famine menaçait, les querelles avec les Grebos à propos des terres s'aggravaient et devenaient de plus en plus sanglantes. Il ne faisait plus guère de doute que le pays ne tiendrait plus longtemps sans aide. En 1857, les colons survivants votèrent discrètement en faveur de l'annexion par leur voisin, dans leur propre intérêt.

Triste post-scriptum au cas où l'histoire ne vous semblerait pas déjà assez sombre : les Nations unies ont accusé la société Bridgestone, qui opère sous le nom de Firestone au Libéria, d'avoir eu recours au travail forcé – et ce pas plus tard qu'en 2005. L'esclavage moderne continue à prospérer dans cet État, qui fut pourtant créé pour les esclaves affranchis.

RÉPUBLIQUE DU TEXAS

1836-1846

Quand les résultats du Brexit furent annoncés, un petit groupe au Texas ne se tint plus de joie. Si les guindés rosbifs, réputés pour leur réserve, étaient capables de risquer l'effondrement de leur économie au nom d'une nostalgie en partie nourrie de mythes, alors les Texans, comparativement bien plus téméraires, pouvaient en faire autant. La République allait renaître de ses cendres ! La presse se mit même à évoquer un « Texit », parce que les mots-valises agaçants sont universellement appréciés des journalistes paresseux, quel que soit l'endroit où l'on se trouve.

Au début du xixe siècle, il n'était pas rare de lire griffonné sur les portes des maisons abandonnées à travers les États-Unis : « Parti au Texas.[13] » La jeune nation américaine avait connu sa première crise financière en 1819 et l'aventure au Texas – qui appartenait toujours au Mexique – semblait plus prometteuse que la stagnation sur place. Un Texas

---

13. Cette immigration continua tout au long de l'existence de la République texane : en 1836, on y dénombrait 30 000 Blancs, 5 000 esclaves noirs, 3 470 Mexicains et 14 200 Amérindiens. En 1847, il y avait 103 000 Blancs, 39 000 esclaves noirs, 295 Noirs libres, et plus personne ne perdait son temps à compter les Amérindiens.

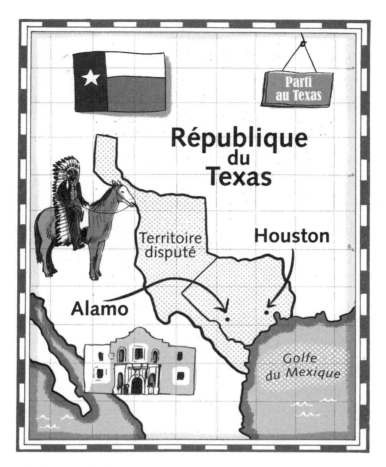

Population: plus de 140 000 habitants (en 1847)
Capitales: trop nombreuses
Langues: anglais, espagnol, français, allemand, comanche

Monnaie: dollar texan
Cause du décès: ne jamais avoir vraiment voulu exister
Situation actuelle: partie des États-Unis

indépendant résulta directement de cette brusque migration de masse. En fait, la République avait déjà brièvement vu le jour (avant de disparaître presque immédiatement) en 1813 : les Américains, combattant les Espagnols pour le compte du Mexique, avaient décidé de faire cavalier seul, mais l'armée espagnole avait fini par les écraser. La révolution de 1835 – cette fois contre Santa Anna, le chef d'État mexicain particulièrement détesté – remporta plus de succès. Une courte guerre et l'héroïque résistance d'Alamo donnèrent au Texas le mythe fondateur qu'il lui fallait.

Ayant repéré un marché de niche, les investisseurs pourvurent aux besoins du nouveau pays. La bibliothèque du Congrès a conservé une publicité pour les « pilules universelles texanes » : « Préparées après un examen scrupuleux des maladies répandues sous ce climat, et avec un souci particulier pour la santé, le soulagement et le bonheur des citoyens de cette République ! » Sur la notice, on pouvait lire : « Allez régulièrement à la selle pour nettoyer le système. »

Toutefois, partager des maladies et des désordres intestinaux ne suffit pas à mettre un pays sur de bons rails, et la République du Texas ne réussit jamais vraiment à affirmer son identité nationale.

En partie parce qu'elle avait eu, en réalité, dès son origine l'intention de rejoindre les États-Unis. La République était ruinée : la révolution lui avait laissé une dette d'un million de dollars en héritage, et la population n'avait pas assez de liquidités pour emplir les caisses du percepteur. Les autorités émirent leur propre monnaie, le dollar texan, mais sans rien pour la garantir, aussi perdit-elle instantanément sa valeur[14]. Les Comanches contrôlaient toujours de vastes étendues du territoire supposé appartenir à la République.

Que la République ait duré dix ans est surtout dû au fait que les Américains étaient nombreux à ne pas vouloir de ce nouvel État, de cette « vallée des racailles » dans l'Union. De plus, le Nord craignait que son annexion ne renforce la puissance du Sud esclavagiste. Ce qui aurait pu favoriser une terrible guerre civile. Heureusement, les unionistes finirent par convaincre les opposants à ce rattachement qu'ils cédaient à la peur du changement.

Rien de tout cela n'a empêché les Texans purs et durs d'entretenir, au gré des années, la flamme de l'indépendance. Les plus radicaux d'entre eux ne veulent même pas faire sécession parce qu'à leurs yeux, ils n'ont jamais rejoint légalement l'Union. Ils frappent toujours leur propre monnaie, disposent d'une sorte de cour de justice bien

---

14. La République ne régla pas les 160 livres sterling de loyer de son ambassade à Londres (une pièce au-dessus d'un magasin de vins et spiritueux) avant 1986, quand une délégation officieuse finit par s'acquitter de la somme.

à eux et subissent de temps à autre une descente du FBI, car tout cela n'est pas très respectueux du droit américain[15].

---

15. En 2003, l'État du Texas promulgua une loi obligeant les enfants à saluer le drapeau du Texas (« l'étoile solitaire ») en plus de celui des États-Unis (« la bannière étoilée »). Sans doute vaut-il mieux ne pas revenir sur l'histoire du drapeau de la Floride occidentale (voir p. 182).

ÉTAT INDÉPENDANT
DU CONGO

1885-1908

Nombre de pays cités dans ce livre ont un nom trompeur, mais aucun n'est aussi éloigné de la vérité que « l'État indépendant du Congo ». Et la plupart des individus cités dans ce livre sont des sales types de la pire espèce, mais aucun ne fut plus irrémédiablement sinistre que Léopold II de Belgique.

Le père de Léopold II, Léopold I, s'était vu proposer le trône de Grèce, mais il avait préféré monter sur celui, vacant, de Belgique. Il ne tarda pas à regretter sa décision tant son royaume lui sembla ennuyeux et provincial. Songeant qu'il pourrait être distrayant de fonder un empire, il manifesta un certain intérêt pour le Texas. Toutefois, il mourut avant d'avoir eu le temps de réaliser ses rêves coloniaux. Malheureusement pour tout le monde, son fils – un ado arrogant et sans charme, qui devint un adulte encore plus repoussant – hérita de la fibre expansionniste de son père. Il considéra un moment la possibilité d'acheter le Sarawak à James Brooke (voir p. 18). Puis une contrée plus riche attira son attention.

État indépendant du Congo

Léopoldville

Soudan

Ouganda

Tanganyka

Angola

Population : estimations variables, mais environ 20 millions d'habitants au début et 8 millions à la fin

Capitales : Vivi et Boma

Langues : français, néerlandais et près de deux cents idiomes locaux

Monnaie : franc de l'État indépendant du Congo

Cause du décès : trop affreux pour être toléré, même pour l'Europe du tournant du siècle

Situation actuelle : République démocratique du Congo

L'explorateur Verney Lovett Cameron avait récemment achevé une traversée de l'Afrique équatoriale de l'océan Atlantique à l'océan Indien, et avait détaillé ses exploits dans une lettre adressée au *Times*. Il y évoquait un « pays sain et magnifique d'une indescriptible richesse ». Des dollars clignotèrent devant les yeux de Léopold. Mais il avait un problème urgent à régler : il n'était pas un monarque absolu. Il y avait donc des obstacles agaçants à surmonter comme « l'opinion publique » ou « le gouvernement » – et ni l'un ni l'autre ne tenait à coloniser l'Afrique. Or Léopold ne manquait pas de relations et sa fortune était immense – cela aide beaucoup quand il s'agit de faire tout ce qui vous passe par la tête. Aussi, le roi entreprit-il de convaincre le monde que ses ambitions au Congo étaient purement philanthropiques. Il fonda une Association internationale pour l'Exploration et la Civilisation de l'Afrique centrale – en réalité, une couverture pour éviter d'énerver les grandes puissances européennes. La deuxième phase du plan prévoyait d'employer le distingué explorateur Henry Morton Stanley (rendu célèbre par son fameux : « Docteur Livingstone, je suppose ? ») pour pénétrer à l'intérieur du continent et « acheter » des millions d'hectares de terres (obtenir des chefs de tribus illettrés qu'ils signent d'une croix un bout de papier était considéré comme un moyen de garantir la légalité de l'entreprise). Le projet n'était pas mené au nom de la Belgique, Léopold avait été clair : il s'agissait d'une affaire strictement personnelle. *Son* œuvre de charité et de magnanimité afin de venir en aide à son prochain.

Au début, l'ivoire fut sa principale source d'enrichisse-
ment (il s'y abreuva abondamment : dès 1890, la plupart
des éléphants avaient été abattus) mais, à la fin des années
1880, John Dunlop avait inventé le pneu en caoutchouc et
des dollars américains encore plus gros se mirent à flotter
devant les yeux de Léopold. Il deviendrait un « baron du
latex » et son « État indépendant » serait sa plantation dic-
tatoriale privée[16]. La Force publique, une armée composée
d'officiers européens et de soldats africains, surveillait les
Congolais misérables, qui étaient soumis au travail forcé.
Tout en réprimant les inévitables révoltes, et pour prouver
qu'elle ne gaspillait pas les munitions, la Force devait cou-
per une main à chacune de ses victimes et la rapporter
comme une sorte de reçu macabre.

Au tournant du siècle, nulle contrée n'était particulièrement éclairée[17], aussi l'indignation générale causée par ce
que l'on commençait à savoir du régime de Léopold peut-
elle donner une idée de son atrocité. Un homme nommé
Edmund D. Morel, employé par une compagnie maritime
de Liverpool, fut l'un des premiers lanceurs d'alerte. Il exa-

---

16. Le plan de Léopold, un pillage pur et simple, n'était même pas censé s'inscrire dans la durée : le latex du Congo provenait de lianes poussant sur des
arbres, lesquels étaient arrachés au moment de la récolte.
17. Rappel du contexte : en 1906, un Congolais appelé Ota Benga fut exposé
dans l'enclos des primates du zoo du Bronx.

mina les livres de comptes de ses patrons et se livra à un travail de détective. L'État indépendant du Congo exportait d'énormes quantités d'ivoire et de latex. En revanche, il ne semblait importer qu'une énorme quantité de fusils – aucun bien de consommation échangeable avec la population. La seule conclusion à en tirer : les indigènes n'y étaient pas payés, l'esclavage y était imposé à une échelle industrielle.

Morel publia une série d'articles pour dénoncer cette abomination. Le gouvernement britannique diligenta une enquête. Léopold effectua alors un incroyable faux pas politique : il réagit avec humeur en traitant les Anglais d'hypocrites (ce qui n'était pas totalement faux) et en osant attribuer le rapide déclin de la population congolaise à la maladie du sommeil. Embarrassé, le gouvernement belge finit par le décharger de son État indépendant, non sans lui avoir versé une somme rondelette pour le dédommager. On déplorait déjà plus de dix millions de morts. Pour sa part, Léopold ne s'était jamais donné la peine de mettre les pieds au Congo[18].

---

18. Après le décès de Léopold, la Belgique pratiqua ce qu'un journaliste américain appela « le grand oubli ». Elle s'occupa si bien du Congo qu'au moment de son indépendance, en 1960, le pays ne comptait qu'une poignée de diplômés et pas un seul qui ne soit docteur, juriste ou ingénieur.

RUTHÉNIE
(UKRAINE SUBCARPATIQUE)

15-16 mars 1939

Pour tester la force des acides, le chimiste Karl Ernst Claus aimait y tremper un doigt avant de toucher le bout de sa langue avec celui-ci. Après avoir réussi à isoler le composé hautement toxique appelé tétroxyde d'osmium, il nota qu'il « avait un goût poivré ». Malgré cette approche singulière de la sécurité sanitaire, Claus vécut assez longtemps pour découvrir un nouvel élément chimique : le ruthénium, n° 44 du tableau périodique, qu'il baptisa en l'honneur de sa patrie, la Ruthénie.

En tant qu'état indépendant, la Ruthénie vécut plus d'un quart d'heure – mais pas beaucoup plus, ce qui tombe bien, vu que l'autre célébrité de la diaspora ruthène est un certain Andy Warhol. « Ruthénien » vient de « Rus' », un nom qui désigne aussi bien les Russes que les Biélorusses et les Ukrainiens, et tire probablement son origine du vieux norrois. Un groupe de Vikings se seraient frayé un chemin à travers les régions baltes jusqu'aux Carpates, où ils se seraient installés comme bûcherons – c'est du moins la théorie. Lorsque l'on s'intéresse à l'histoire de cette partie

Ruthénie
(Ukraine subcarpathique)

Pologne

Slovaquie

Carpates

Ukraine

Khoust

Hongrie

Moldavie

Roumanie

Population : 814 000 habitants
Capitale : Khoust
Langue : ukrainien

Cause du décès : Hongrie
Situation actuelle : partie
de l'Ukraine

---

du monde, il y a beaucoup d'hypothèses et de conjectures à agréger. C'est ce même flou ethnique qui rend l'Europe centrale aussi imprévisible. Mais quelle que fût la manière dont ils arrivèrent là, et qui qu'ils fussent, les Ruthéniens et leur Ruthénie étaient intégrés à l'Empire austro-hongrois depuis cinquante ans quand celui-ci s'effondra en 1918. Ils se retrouvèrent alors officiellement en Tchécoslovaquie.

En 1938, le Royaume-Uni et la France se consacraient pleinement à leur stratégie de génie : « Tentons d'apaiser les nazis ! » Ils acceptèrent donc l'idée que Hitler puisse défiler au pas de l'oie en Tchécoslovaquie s'il s'engageait à s'arrêter là. À cinq heures du matin, le 15 mars 1939, les Allemands s'emparèrent du territoire qui correspond aujourd'hui à la République tchèque, laissant l'autre moitié du pays, la Slovaquie, déclarer son indépendance.

Ceci mit la Ruthénie dans le pétrin. Elle était désormais coupée de Prague. Et la dégaine des nazis ne revenait pas trop aux Ruthéniens. L'Union soviétique de Staline ne leur paraissait pas non plus être une alternative réjouissante. Aussi, ce même après-midi, décidèrent-ils d'imiter les Slovaques et de faire cavalier seul. Un ancien professeur de maths prit la tête du gouvernement. Dans un élan de construction nationale d'une remarquable efficacité, ils s'entendirent sur un hymne et un drapeau avant la tombée de la nuit. Et tous allèrent se coucher citoyens de la nouvelle République indépendante de Ruthénie subcarpatique. Mais il n'en était déjà plus rien à leur réveil. Dans les premières heures du jour, les Hongrois avaient envahi le pays, car ils guettaient l'occasion d'agrandir leur territoire (avec un hochement de tête et un clin d'œil approbateurs d'Hitler). La population avait donc changé trois fois de nationalité en moins de vingt-quatre heures! Un témoin de l'époque décrivit le côté légèrement loufoque de cette histoire : « Après le passage des troupes, un avocat, qui habitait la maison en face de la mienne, s'empressa de sortir de chez lui pour poser une nouvelle plaque avec un nom magyar sur sa porte. En vingt ans, c'était la cinquième fois qu'il la remplaçait, m'avoua-t-il. »

Les pays qui n'existent qu'un jour laissent eux aussi un héritage. Aujourd'hui, certains Ruthènes ont de nouveau des velléités d'indépendance. Mais dans quelle mesure cela relève-t-il d'un désir sincère d'auto-détermination ou d'une ruse de Poutine pour agiter les antagonismes locaux et déstabiliser davantage l'Ukraine ? À vous de le deviner (mais oui, Poutine est forcément en partie dans le coup)!

RÉPUBLIQUE POPULAIRE
DE TANNOU-TOUVA

1921-1944

Pour Richard Feynman, prix Nobel de physique et joueur de bongo amateur, Tannou-Touva représentait l'idéal platonique de la mystérieuse nation disparue. Une tache au milieu de l'Asie qui n'apparaît que sur de vieux globes, dont les timbres caractéristiques, en forme de triangle ou de diamant, ne se trouvent que dans les vieux albums de philatélistes. Le persistant manque d'informations sur cet ex-pays l'intriguait depuis sa prime jeunesse. Il décida donc d'aller y faire un tour.

Pour ajouter à son attrait, Tannou-Touva était presque inaccessible – en raison de son isolement géographique, le lieu n'étant sur la route de quasi aucune destination, et aussi parce que l'on était en pleine Guerre froide. Impossible de s'y rendre en se contentant de sauter dans un avion. Mais le point essentiel pour Feynman, c'était que le nom de la capitale, Kyzyl, ne contenait aucune voyelle (du moins en touvain), ce qui est plutôt une bonne raison de vouloir visiter un lieu. Toutefois, dans le cas où l'absence de voyelles ne serait pas suffisante pour aimanter le touriste, les autorités de la ville prétendaient aussi qu'elle se situait au centre géographique de l'Asie, dont le lieu exact était indiqué par un monument. Il y a un tas de manières de démontrer mathématiquement que l'on se trouve au centre d'une masse terrestre aux contours irréguliers, c'est pourquoi la Chine revendiquait elle aussi le même honneur à plus de 1 100 km au sud-ouest de là. Son monument est légèrement plus élevé[19].

Tannou-Touva s'enorgueillissait par ailleurs de ses chants gutturaux, qui peuvent séduire (l'effet produit par une personne chantant simultanément avec deux voix distinctes est réellement incroyable) ou faire fuir le visiteur (ils sonnent *vraiment* comme des cornemuses). D'après les anthropologues, c'est la géographie des lieux qui aurait généré cette pratique : le bourdonnement profond et persistant du chant guttural s'entend à des kilomètres à la ronde au milieu de vastes plaines ouvertes. En dehors des yourtes et des yacks, il n'y a pas grand-chose pour l'arrêter.

Tannou-Touva faisait partie de la Mongolie avant l'arrivée des Russes en 1912. Après la Révolution bolchevique,

---

19. Il y avait un village à l'endroit de ce centre géographique de l'Asie, aussi le gouvernement chinois le déplaça-t-il à plus de 1 km de là pour ériger son monument.

République populaire de Tannou-Touva

URSS

Kyzyl

République populaire de Mongolie

Population: 95 000 habitants
Capitale: Kyzyl
Monnaie: akşa

Langues: touvain, russe, mongol
Cause du décès: Staline

le territoire fut occupé par l'Armée rouge, ensuite par l'armée chinoise. En 1921, un nouveau gouvernement proclama l'indépendance de la République populaire de Tannou-Touva. Sous l'influence grandissante des Soviétiques, les dirigeants tentèrent d'éradiquer le bouddhisme, avec un certain succès, ainsi que le mode de vie traditionnel des nomades, sans aucun succès. L'URSS finit par annexer Tannou-Touva, officiellement parce que son peuple avait demandé à rejoindre la glorieuse union – et absolument pas parce que la gigantesque quantité d'uranium contenue dans les montagnes avait brusquement semblé très intéressante à Staline en 1944[20].

Feynman et les membres de la société qu'il avait créée – les Amis de Touva – passèrent des années à essayer d'y organiser un voyage, bataillant ferme contre l'impénétrable bureaucratie soviétique. Quand une lettre de l'office du tourisme russe autorisant le physicien à s'y rendre finit par lui parvenir, il était mort depuis deux jours.

---

20. Ironie du sort : ce fut en partie grâce aux travaux de jeunesse de Feynman pour le projet Manhattan, dont l'objectif était de produire une bombe atomique à base d'uranium au cours de la Seconde Guerre mondiale.

RÉPUBLIQUE DE SALÒ

1943-1945

Le 25 juillet 1943, Benito Mussolini avait rendez-vous avec le roi d'Italie, Victor Emmanuel III. D'ordinaire, le souverain écoutait poliment le journaliste métamorphosé en homme fort du fascisme faire son rapport d'un air pompeux. Ce jour-là, Mussolini fut interrompu. Le monarque l'informa que la guerre était perdue, que le moral de la nation était au plus bas et qu'il était devenu le type le plus détesté du pays. La police poussa le Duce dans une ambulance puis l'assigna à résidence.

Les réactions dans le pays ne se firent pas attendre : certains se réjouirent, d'autres crièrent à la trahison. La plupart en avaient tout simplement assez de cette terrible guerre et espéraient que cette assignation à résidence en hâterait la fin. Mais le gouvernement tergiversa, craignant les deux camps. Quand l'Italie finit par signer l'armistice, le nouveau Premier ministre résuma succinctement la situation à l'occasion d'une réunion de son cabinet : « *Siamo fottuti* » lâcha-t-il. « Nous sommes foutus. »

L'armée, déjà en déroute, attendait des ordres, qui ne vinrent jamais. Au sud, dans des villes comme Naples – tou-

Capitale : Salò (mais officiellement Rome)
Monnaie : lire italienne

Cause du décès : État-fantoche d'un Reich de mille ans qui ne dura pas plus d'une décennie
Situation actuelle : nord de l'Italie

---

jours prête à en découdre –, les nazis furent chassés par une résistance féroce. Mais dans le nord, ce fut une autre histoire : là, les troupes allemandes déferlèrent, faisant prisonniers un million d'Italiens au passage. Elles se retranchèrent dans la chaîne des Apennins, coupant la botte italienne en deux. Des commandos SS évacuèrent Mussolini de la station de ski où il était retenu captif. Contre toute attente, Benito se retrouva en charge d'une nouvelle « république ».

Tous les pays s'appuient sur la croyance, ou du moins sur la suspension de la faculté de douter. Ils ont besoin d'une raison d'exister basée sur une histoire, un peuple, une langue ou un adversaire communs – ou, le plus souvent, sur un mélange de tout ça maladroitement agencé. L'Italie avait passé les vingt dernières années à se prendre beaucoup trop au sérieux, bien que ce ne fût ni la première ni la dernière nation à tomber de haut après s'être enivrée de sa propre mythologie. Le Duce était passé maître dans l'art d'invoquer la gloire de l'Empire romain et de Garibaldi pour attiser l'orgueil national. C'est ce qu'il tenta de nouveau de faire, sans grande conviction, avec la République de Salò. Mais il est difficile de se convaincre ou de convaincre les autres que l'on est la réincarnation trapue de César coiffée d'un joli feutre lorsqu'on reçoit tous ses ordres d'un Autrichien vociférant à quelques centaines de kilomètres de là.

L'État-fantoche aurait été ridicule s'il n'avait pas été aussi sinistre. La pénurie de rations alimentaires sévissait. L'approvisionnement en gaz et en électricité était quasiment inexistant. Des gamins griffonnaient plaintivement le mot « pain » en italien sur les murs et tous les chats disparaissaient mystérieusement. Mussolini était de plus en plus amer et déprimé. Après l'avoir rencontré, un conscrit nota dans son journal : « Il est laid : son visage est couvert des taches pourpres symptomatiques de troubles du foie. Il est tout dégonflé, maigre.[21] » L'homme qui avait inventé les opérations de com' viriles effectuées torse nu avait disparu depuis longtemps.

Lorsque les alliés percèrent la ligne de défense fortifiée des Apennins, nombre de leurs ennemis essayèrent de fuir par le nord. Les Allemands furent autorisés à battre en retraite, mais pas les Italiens. Mussolini écrivit une lettre touchante à sa femme, puis tenta de prendre le large avec sa maîtresse. Des partisans le trouvèrent caché sous une couverture dans le fond d'un camion, vêtu d'un manteau de soldat allemand. Ce déguisement était insuffisant pour un visage ayant été affiché sur de gigantesques bannières pendant deux décennies. Ils le fusillèrent à la mitraillette et suspendirent son corps par les pieds dans une station-essence. Ce qui fait de Mussolini l'un des rares monstres de ce livre à avoir reçu ce qu'il méritait[22]. De nos jours, la tombe du Duce reçoit la visite d'environ 100 000 adorateurs par an.

---

21. Rapporté dans *Fascist Voices* (traduction française : *Ils y ont cru, Une histoire intime de l'Italie de Mussolini*, Flammarion 2014) par Christopher Duggan.
22. En 2018, Alessandra Mussolini, députée européenne, a menacé de poursuivre en justice quiconque publierait des commentaires irrespectueux sur son calamiteux, et probablement syphilitique, grand-père.

RÉPUBLIQUE DÉMOCRATIQUE ALLEMANDE

1949-1990

Encore aujourd'hui, les tenants de deux systèmes de croyances diamétralement opposés et irréconciliables continuent de s'affronter : ceux qui attribuent la chute du mur de Berlin à David Bowie et ceux qui jurent que c'est un coup de David Hasselhoff. Pour être précis, aucun de ces points de vue ne rend compte de toute l'histoire.

La nuit du 12 août 1961, des soldats bâtirent ce qui devint officiellement un « mur de protection antifasciste », et Berlin se réveilla coupée en deux. La très peu démocratique et très peu républicaine République démocratique allemande (RDA) était née douze ans plus tôt, mais elle s'était vidée à une vitesse catastrophique : quand le mur fut achevé, 3,5 millions de personnes (soit 20 % de la population) s'étaient déjà réfugiées à l'Ouest.

Le mur n'empêcha pas les Berlinois de l'Est d'essayer de fuir, mais il arrêta le flot continu. Entre autres absurdités bureaucratiques qui seraient bientôt monnaie courante en RDA, la loi permettait toujours de déposer une demande d'autorisation au départ, mais on était alors automatique-

Population : 16 millions d'habitants (en 1990)
Capitale : Berlin-Est
Langue : allemand
Monnaie : mark est-allemand

Cause du décès : pas un concert de rock, en tout cas
Situation actuelle : partie de l'Allemagne

ment suspecté de *Hetzschrift* – de penser du mal de la République –, ce qui était incontestablement un crime.

Les Allemands ne tardèrent pas à s'habituer à ce genre de double discours.

Dans l'Est, rien n'échappait à l'œil vigilant de la Stasi – en fait, avec ses 97 000 employés et son réseau de presque

200 000 indicateurs, elle disposait de plus d'une paire d'yeux[23]. Elle censurait les livres, écoutait les conversations téléphoniques, vérifiait l'orientation des antennes de télévision pour être sûr que l'on regardait des émissions bien saines comme *Treffpunkt Flughafen* (une série dramatique sur la compagnie aérienne nationale Interflug) plutôt que les programmes décadents de l'Occident (*Dallas* devint très populaire après que les autorités eurent un peu relâché leur surveillance).

S'enfuir était certes compliqué, mais il y avait un moyen – officiellement approuvé – de partir, et c'est en partie la raison pour laquelle la RDA réussit à survivre. Le bloc de l'Est développa en effet un système qui lui permettait d'envoyer volontairement ses dissidents à l'Ouest. Le bénéfice était double : cela rapportait de l'argent au régime (l'Allemagne fédérale payait pour chaque citoyen expulsé) et la combine servait aussi de soupape de sûreté pour éviter l'accumulation de pression politique – ceux qui étaient le plus susceptibles de s'agiter pouvant tout simplement être expédiés dans un endroit où ils ne causeraient plus de soucis.

---

23. Vieille blague est-allemande : pourquoi les agents de la Stasi travaillent-ils toujours par groupe de trois ? Parce qu'il en faut un qui sache lire, un qui sache écrire et un qui se charge de garder un œil sur les deux intellectuels.

Les jours de la RDA furent comptés dès lors que Mikhaïl Gorbatchev lança sa *glasnost* dans les années 1980 et qu'il devint évident que la Stasi ne pourrait plus s'appuyer sur la menace des chars russes pour asseoir son autorité – et peu importait que les paroles de *Heroes* (David Bowie) ou de *Looking for Freedom* (David Hasselhoff) fussent ou non portées par le vent depuis l'Ouest. Tout se termina dans une grande confusion : le Politbüro de l'Allemagne de l'Est annonça la levée des restrictions de voyage. Lorsque la presse demanda à son infortuné porte-parole, Günther Schabowski (qui n'était pas présent à la réunion au cours de laquelle la décision avait été prise) quand cette mesure prendrait effet, il se gratta la tête, haussa les épaules et répondit : « Immédiatement ? » La foule se rua aussitôt vers le mur. Surprise, la Stasi courut se procurer des déchiqueteuses de documents occidentales (parce que les pitoyables modèles soviétiques ne fonctionnaient déjà plus), et ses agents se rendirent alors compte que leur boulot leur offrait la meilleure des couvertures pour pouvoir s'en sortir.

De nos jours, l'*Ostalgie* (une combinaison des mots allemands signifiant « est » et « nostalgie ») désigne l'attachement mélancolique des habitants de l'ex-RDA pour leur ancien mode de vie. L'Est, c'était l'alcoolisme généralisé, les queues interminables pour acheter des bananes, l'obligation d'obtenir une autorisation pour chanter du rock en allemand, trois millions de Traban pas très fiables, des campagnes publicitaires désespérées encourageant la population à « manger un œuf supplémentaire » (après une surproduction de volailles), mais c'était aussi un système de santé entièrement public et une conception de la femme sans doute plus progressiste que celle qui était alors répandue en Allemagne de l'Ouest. Sans compter qu'il y avait toutes ces règles à suivre, et cela rassure un tas de gens d'avoir des règles à suivre, même si elles sont stupides, et parfois même nocives.

BOPHUTHATSWANA

1977-1994

Si vous vous dites en regardant la carte p. 230 : « Drôle de forme pour un pays, les États n'ont pas tendance à ressembler à des mouchetures dispersées au hasard », on peut difficilement vous donner tort. Le Bophuthatswana était l'un des bantoustans[24], un prolongement raciste des années 1970 du Maryland africain (voir p. 196).

Le Maryland avait été une tentative dix-neuviémiste de se débarrasser d'une population noire non désirée en l'envoyant sur un autre continent. Ce que le gouvernement blanc de l'Afrique du Sud du XXe siècle et son régime d'apartheid ne pouvaient pas faire. D'abord, il ne restait plus beaucoup d'endroits à envahir sur Terre et ensuite, l'économie du pays dépendait des gens qu'il souhaitait déporter.

Aussi l'Afrique du Sud imagina-t-elle une solution des plus sournoises, qui consisterait à priver de leur droit de vote tous les citoyens qui la dérangeaient sans avoir à se

---

24. « Foyers nationaux » créés pendant la période de l'apartheid en Afrique du Sud et dans le Sud-Ouest africain, réservés aux populations noires et jouissant d'une certaine autonomie. *(NdT)*

passer de leur force de travail. Leur idée diabolique et ingénieuse : « rapatrier » les différentes ethnies dans leurs terres ancestrales. Qui pouvait s'opposer à cette généreuse invitation à l'autodétermination[25] ?

Ces enclaves ethniques nées d'une avidité pure et simple prirent les formes les plus bizarres : le gouvernement n'allait tout de même pas laisser ces nouveaux « pays » récupérer des terres dont il aurait pu tirer profit, car le but de l'entreprise demeurait d'obliger leurs habitants à venir travailler en Afrique du Sud. Quand un important gisement de titane fut découvert après que les frontières du bantoustan KwaZulu eurent été tracées, les autorités sud-africaines se contentèrent d'en retrancher une bande de terre qu'ils étiquetèrent « projet de développement foncier ». Autre résultat de ce charcutage territorial : si vous vouliez vous rendre au Bophuthatswana (le deuxième bantoustan à avoir été déclaré indépendant), il vous fallait, de façon ridicule, traverser douze postes-frontières.

Avantage pour les Blancs : les nouvelles « nations » démunies de tout pourraient se disputer entre elles à propos de leurs territoires pourris au lieu de s'attaquer à la source

---

25. Les nazis conçurent un projet similaire quand ils dressèrent le plan de leur future conquête de l'Afrique, même si, comme on pouvait plus ou moins s'y attendre, les Anglais avaient été les premiers à y penser.

Population : autour d'1,5 million d'habitants
Capitale : Mmabatho
Langues : tswana, anglais, afrikaans
Monnaie : rand sud-africain, par ailleurs deux pièces « bophuthatswaniennes », le *lowe* et le *nkwe*, furent frappées pour des raisons publicitaires, mais elles ne furent jamais mises en circulation
Cause du décès : cette histoire ne trompa personne
Situation actuelle : partie de l'Afrique du Sud

---

de leurs problèmes. Second avantage : une fois qu'ils avaient reçu leur carte d'identité les informant de leur nouvelle nationalité, les habitants perdaient leurs droits sud-africains à la retraite et les membres « improductifs » de la société (essentiellement les femmes et les enfants) sortaient brusquement des comptes du gouvernement[26].

Une capitale fut construite au Bophuthatswana, où furent érigés un bâtiment abritant le parlement, un hôtel de luxe, un garage vendant de « l'essence produite à la ferme », un stade à moitié achevé et presque rien d'autre. Les autorités avaient consenti le minimum d'efforts pour lui donner l'apparence d'un lieu réel.

Au moment de célébrer l'indépendance, un salut présidentiel fut tiré au canon, ce qui causa une panique dans un troupeau de vaches, puis une équipe de gymnastique – boycottée par tous les bons gymnastes – se livra à une démonstration maladroite.

Plus tard, dans une pantomime politique censée lui conférer une forme de légitimité, l'un des bantoustans[27] finit par rompre ses relations diplomatiques avec l'Afrique du Sud : « Comment pourrions-nous être une marionnette de l'Afrique du Sud si nous sommes fâchés contre elle ? » sembla-t-il demander. Un stratagème pour le moins clair.

---

26. Autre coup tordu : lorsqu'une question gênante était posée au parlement sud-africain au sujet d'un problème lié par exemple au système de santé dans l'un de ces territoires, généralement très pauvres, le ministre en charge pouvait désormais répondre : « Ah, cela relève des compétences du gouvernement de X, pas des miennes. »
27. Il y avait dix bantoustans au total, dont six « territoires autonomes » et quatre « États entièrement indépendants ».

À l'exception de quelques joueurs de cricket anglais et de la banque Barclays, le reste du monde ne se laissa pas berner. Malgré de multiples banquets et dîners organisés par leurs ambassadeurs, personne n'accepta de reconnaître les bantoustans sur le plan diplomatique. L'isolement de l'Afrique du Sud s'accentua et quand un Nelson Mandela triomphant fut élu en 1994, les pays factices furent rayés de la carte. Nul ne pleura leur disparition.

RÉPUBLIQUE DE CRIMÉE

17-18 mars 2014

Le problème quand on est un Homme d'Action courageux comme Vladimir Poutine, c'est que les animaux avec lesquels on peut lutter torse nu, les oies migratrices que l'on peut guider à bord d'un ULM et les amphores antiques que l'on peut trouver de manière impromptue et très légitime à l'occasion de plongées sous-marines archéologiques ne sont pas en nombre illimité. Lorsque les idées de séances photo s'assèchent, il ne reste alors qu'une option, le choix prévisible de tout bon despote : envahir la Crimée.

Depuis des siècles, la Crimée est constamment en passe d'être conquise et reconquise. Bordée par une mer qui peut prendre feu en cas d'orage – une végétation en décomposition datant de la dernière période glaciaire a formé une zone stérile à 90 m de profondeur d'où monte parfois en bouillonnant un gaz aussi nocif qu'inflammable –, la péninsule de Crimée se situe aussi sur l'une de ces failles géopolitiques qui expliquent pourquoi elle n'a pas fini d'en baver.

Selon Hérodote, ses premiers colons furent les Cimmériens, dont l'orgueil s'avéra si extrême qu'ils décidèrent de se suicider en masse lorsque leurs terres furent envahies par les Scythes[28]. Après les Scythes vinrent les Grecs, puis les Tauriens, les Goths, les Kiptchaks, les Alains[29], les Rus', les Khazars, les Arméniens, les Mongols et les Génois.

Pour les tsars russes, la Crimée était un lieu de villégiature reposant, un rare coin de leur Empire où l'on n'avait pas le visage qui gelait quand on piquait une tête dans la mer.

Des années plus tard, le souvenir, lointain et déformé, de l'une de ces époques primitives – le Royaume ostrogoth – servirait de fondement à une nouvelle Gothie : un régime éphémère et particulièrement malfaisant mis en place par les nazis durant la Seconde Guerre mondiale, ayant causé la mort de milliers de personnes.

Puis ce fut le tour de Staline, qui s'occupa de déporter la population de Crimée, principalement tatare, dans des goulags[30]. L'Union soviétique offrit ensuite tout le territoire à l'Ukraine en guise de cadeau d'anniversaire m'as-

---

28. Comme toujours, même si la péninsule de Crimée est l'un des lieux qu'Hérodote a visité et non pas imaginé depuis le confort de sa couche, son témoignage ne constitue pas une source *entièrement* fiable.

29. Les Alains n'étaient pas des gens prénommés Alain. C'étaient des nomades iraniens.

30. La chanson qui remporta le concours de l'Eurovision en 2016, interprétée par une Ukrainienne – ce qui dérangea Poutine –, évoque la déportation des Tatars de Crimée par Staline.

Population : environ 2 millions d'habitants
Capitale : Simféropol
Langues : russe, ukrainien, tatar de Crimée

Monnaies : rouble russe, hryvnia ukrainienne
Cause du décès : le beau temps relatif
Situation actuelle : partie (disputée) de la Russie

---

tu-vu, Nikita Khrouchtchev croyant à tort que cela passerait comme une lettre à la poste. Cette manœuvre n'avait guère de sens étant donné que l'Ukraine faisait fermement partie de l'URSS, une situation que personne n'imaginait voir changer avant longtemps.

Mais cet empire s'écroula aussi, comme c'est l'usage[31]. Lorsque l'Ukraine se mit à dériver politiquement vers l'Ouest, entraînant la Crimée dans son sillage, le sort de la péninsule fut en partie scellé. Le grand problème de Poutine fut alors que le port de Sébastopol était l'un des seuls en eaux libres auxquels avait accès la Russie, et il était hors de question qu'un Homme d'Action courageux se le fasse souffler sous le nez.

Le 16 mars 2014, la Crimée organisa un référendum pour se séparer de l'Ukraine et proclama sa brève – elle ne dura qu'une seule journée – et peu convaincante indépendance avant de tomber dans l'escarcelle de la Russie. Et si ce référendum s'avéra des plus suspects, l'histoire ne peut se résumer à un simple vol de territoire par Poutine : depuis que Staline avait décimé les Tatars, une bonne partie de la population était russe et celle-ci était favorable à un rattachement à la mère-patrie. L'Ouest s'agita beaucoup pour faire respecter les droits de l'Ukraine, mais sembla plutôt soulagé de ne pas avoir à intervenir. La Russie avait ses gazoducs et nombreux étaient les Européens à souhaiter pouvoir continuer à se chauffer en hiver. En 2022, la Rus-

---

31. La Crimée fut elle aussi tentée par l'indépendance en 1992 quand, au moment de l'effondrement de l'Union soviétique, elle se dissocia de l'Ukraine pendant un peu plus d'une semaine.

sie en a profité pour tenter d'envahir l'Ukraine et la guerre fait aujourd'hui rage entre les deux pays. On aurait tort de parier que c'est la dernière fois que la Crimée change de propriétaire...

YOUGOSLAVIE

1918-1941, 1945-1992

En 1989, le groupe de pop yougoslave Riva remporta le concours de l'Eurovision avec une chanson assez ennuyeuse : *Rock me*. Cela signifiait que la Yougoslavie serait l'hôte de l'événement l'année suivante. Mais dans les premiers jours de 1990, la chose semblait mal engagée. Les Croates n'étaient guère impressionnés par l'interprète serbe choisi pour représenter le pays. Les Serbes levèrent les yeux au ciel en découvrant la chanson des Croates, qu'ils jugèrent inepte. La chanson termina septième. En 1991, la Yougoslavie finit avant-dernière du classement. Et en 1992, le pays n'existait plus, du moins plus sous la forme qu'il avait prise de manière si improbable au cours des trois décennies précédentes[32]. La question était de savoir comment il avait réussi à durer aussi longtemps.

La réponse peut se résumer en un nom : Tito. À peine sorti de son papier d'emballage, le nouveau royaume de Yougos-

---

32. La Yougoslavie devint un peu plus qu'un concept en 1918, bien qu'elle fût d'abord baptisée « Royaume des Serbes, des Croates et des Slovènes ». Ce nom accrocheur nous laisse supposer que ce pays ne fut pas vraiment désiré par ses habitants, mais qu'il fut créé par la Société des Nations de Woodrow Wilson pour essayer de mettre un peu d'ordre dans la région des Balkans, laquelle était considérée comme un casse-tête international.

Yougoslavie

SLOVÉNIE
Ljubljana · Zagreb
CROATIE
VOJVODINE
Novi Sad
BOSNIE-HERZÉGOVINE
Belgrade
Sarajevo ·
SERBIE
MONTÉ-NÉGRO
Podgorica ·
Pristina
KOSOVO
· Skopje
MACÉDOINE

Population: 23 millions d'habitants (en 1991)
Capitale: Belgrade
Langues: serbo-croate, macédonien, slovène
Monnaie: dinar

Cause du décès: personne ne pensait que les Yougoslaves venaient de Yougoslavie
Situation actuelle: Croatie, Serbie, Kosovo, Bosnie-Herzégovine, Monténégro, Macédoine, Slovénie

---

lavie s'effondra pendant la Seconde Guerre mondiale, lorsque la Croatie rallia avec enthousiasme les puissances de l'Axe. Avec tant d'enthousiasme, en fait, que les nazis trouvèrent les massacres perpétrés contre les Serbes durs à encaisser (comparés à leurs propres génocides beaucoup moins brouillons). Les nationalistes serbes, les Tchetniks avec leur drapeau à tête de mort, égalèrent leurs zélés voisins en matière de violences et d'atrocités. Les partisans communistes du maréchal Tito formaient le troisième camp d'un conflit particulièrement confus, et ce furent eux qui en sortirent vainqueurs. Les crimes de guerre mutuels ne sont pas une base des plus solides pour une nation, mais durant les trente années qui suivirent, Tito parvint tout de même à recoller les morceaux du pays, en particulier grâce à sa forte personnalité.

Ce communiste, qui appréciait de manger dans de la vaisselle en or, était le septième rejeton d'une famille de quinze enfants – son vrai génie résidait dans sa capacité d'adaptation. Il savait jongler sans fin avec les intérêts divergents de la population. Chose particulièrement notable, il osait afficher ses désaccords avec Staline, ce que ce dernier prenait de la manière que vous devinez : pas bien du tout. Après que la Yougoslavie eut choisi de suivre sa « troisième voie », ni capitaliste ni soviétique, Tito dut envoyer une lettre[33] au « petit père des peuples » pour

---

33. La lettre de Tito, que l'on aurait trouvée dans les papiers de Staline après sa mort, disait : « Cesse d'envoyer des gens pour me tuer ! Si tu n'arrêtes pas, je vais envoyer quelqu'un à Moscou, et je n'aurai pas besoin d'envoyer quelqu'un d'autre. »

lui demander poliment d'arrêter d'essayer de l'assassiner[34].

La croissance était au rendez-vous, le taux d'alphabétisation augmentait, la Yougoslavie semblait prospère – particulièrement Tito, qui disposait de trente-deux résidences officielles, d'un yacht de luxe et d'un zoo privé. Mais, en coulisses, l'accumulation des déficits commençait à plomber l'économie. Tout le monde suspectait que la situation tournerait mal sans la figure unificatrice du maréchal. Et chacun espérait que, d'une manière ou d'une autre, Tito vivrait éternellement.

Il mourut le 4 mai 1980 à 15 h 05. Le slogan dénué de sens et d'un ton quelque peu désespéré adopté par les communistes à la suite de son décès, « Après Tito, Tito ! », suggère qu'ils avaient conscience des problèmes à venir. Le pays poursuivit sa route cahin caha, mais les forces centrifuges du nationalisme allaient plus vite. Lorsque le nouveau slogan, involontairement drôle, des communistes – « Cette fois, nous sommes sérieux ! » – échoua à rallier les suffrages, les nationalistes s'emparèrent du pouvoir en Croatie. Dans le même temps, la Serbie, qui se voyait comme

---

34. Tito survécut aux tentatives d'assassinat parce que les services secrets soviétiques – « Nous sommes simplement venus visiter votre belle cathédrale ! » – n'étaient pas plus compétents qu'aujourd'hui (l'un des plans envisagés aurait consisté à lui livrer une boîte emplie de gaz toxique).

l'adulte mature veillant sur l'unité de la fédération, était désormais sous la coupe d'un homme aux penchants meurtriers : Slobodan Milošević. Quand la Bosnie multiethnique déclara son indépendance en 1992, une guerre aussi horrible que prévisible éclata sur son territoire.

On a coutume de dire que la Yougoslavie n'eut jamais beaucoup de sens en tant que nation[35], ce qui est vrai, mais il est tout aussi exact que les forces qui l'ont déchirée n'ont jamais brillé par leur cohérence. Les différends religieux se donnaient l'apparence de divisions nationales. Les Croates pensaient que les Serbes ne savaient pas faire le café ; les Serbes trouvaient les Croates bien trop tapageurs. Croates et Serbes estimaient que les Slovènes ne s'intéressaient qu'à l'argent. Les « origines ethniques » des Européens constituent un sujet d'une complexité inextricable, pleine de failles et de conjectures. De quoi continuer à se gratter la tête pour les archéologues et les historiens. Le peuple yougoslave, comme tous les peuples, fondait son identité – et la méfiance réciproque de ses communautés – sur pas grand-chose. Mais des petits détails insignifiants peuvent suffire à détruire une nation. Ce n'est pas *toujours* la faute de Napoléon.

---

35. En 1991, seuls 6 % de la population s'identifiait comme « yougoslave ».

drapeaux

« Les drapeaux ne sont pas importants,
ils ne se mangent pas. »

Ainsi s'exprima le Premier ministre du bantoustan Kwa-Zulu pour justifier le fait que son pseudo-pays n'en avait pas[1]. Toutefois, si monsieur Mangetout[2] se révéla capable d'avaler un avion en entier, alors on doit certainement pouvoir ingurgiter un drapeau si l'on y met de la bonne volonté. Car les drapeaux sont très importants, les gens ne prennent pratiquement rien autant au sérieux que les drapeaux, même ceux des pays rayés de la carte. Les États confédérés d'Amérique n'ont plus fait parler d'eux depuis un siècle et demi, mais cela n'empêche pas de lâches nazis (dans ces parties de l'Europe où les croix gam-

1. Deux jours après qu'il eut déclaré que les drapeaux n'étaient pas importants et que son pays n'en aurait pas, le KwaZulu hissa officiellement ses couleurs.
2. L'artiste français de cabaret Monsieur Mangetout, de son vrai nom Michel Lotito (1950-2007), était renommé pour sa capacité à manger les choses les plus indigestes : des bicyclettes, des charnières de porte, des chandeliers, des téléviseurs… et même un avion de type Cessna 150. *(NdT)*

mées sont interdites) d'apposer des autocollants de la bannière sudiste sur leurs voitures pour se reconnaître entre eux. Chose remarquable, les émojis du drapeau taïwanais sont introuvables sur les iPhones chinois. Si vous arborez le drapeau du Pays de Galles au concours de l'Eurovision, vous en serez exclu. Les drapeaux sont essentiels pour un autre motif : tout porte à croire que la raison principale pour laquelle les gens décident de fonder un pays, c'est qu'ils cherchent une bonne excuse pour inventer un drapeau. Comment expliquer autrement le nombre de pères de la nation soi-disant occupés qui trouvent le temps de s'asseoir à une table pour en dessiner un eux-mêmes ? Et que dire du fait que plusieurs nations s'attachèrent d'abord à choisir leurs couleurs avant de se soucier de problèmes plus urgents, comme la désignation d'un gouvernement ? Mais tous les drapeaux ne se valent pas, c'est pourquoi voici le top 5 des drapeaux de nations défuntes.

1. La principauté d'Elbe

Il fut imaginé par Napoléon lui-même en route pour l'exil. L'empereur reprit l'ancien drapeau de l'île et y ajouta quelques abeilles, suivant à juste titre le double principe suivant : 1) la présence d'un animal sur un drapeau l'améliore automatiquement et 2) tout le monde aime les abeilles. Si Napoléon n'avait pas déjà été accaparé par son passe-temps favori – la conquête du monde –, il aurait fait un excellent concepteur de drapeaux à temps complet. Les abeilles étaient censées représenter « la puissance et l'immortalité ». Bon, les abeilles ne sont pas immortelles : elles vivent environ cent vingt jours et meurent quand elles s'accouplent. On peut donc en conclure en toute sérénité que Napoléon n'était pas un expert des abeilles.

2. Le royaume de Corse

Il s'agit d'une modification très astucieuse réalisée par des rebelles corses. Comme Napoléon, ils trichèrent un peu avec le vieil emblème : dans ce cas, il s'agissait d'un esclave aux yeux bandés qu'ils redessinèrent avec le bandeau autour du crâne, pour montrer qu'ils s'étaient libérés des Génois.

3. La République populaire de Tannou-Touva

On peut le résumer ainsi : un bon choix de couleurs, une carte du pays, avec un homme armé d'une lance sur un cheval ailé. Là où le royaume du Sikkim simplifia son drapeau parce qu'il était supposé être trop difficile à dessiner, Touva opta pour la surcharge assumée – une vraie consolation dans un monde plein de bannières insipides qui gagneraient à être un peu enrichies.

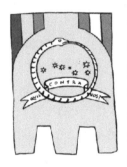

4. L'État libre de Fiume

Comme son héros Napoléon, D'Annunzio prit les choses en main et conçut son propre drapeau : un serpent se mangeant par la queue, la constellation d'Orion (peut-être un hommage à ses amis de l'IRA[3]), une forme verticale inhabituelle pour le rendre encore plus fasciste et la devise provocatrice : « Qui est contre nous ? » On ne peut pas l'accuser d'avoir fait dans la retenue. En aucune façon.

5. La République de Formose

Cet étendard offre la bouille la plus réjouie que l'on ait jamais vue sur

---

3. En 1920, D'Annunzio proposa aux indépendantistes irlandais de leur fournir des armes mais l'État libre de Fiume s'effondra avant qu'un accord ait pu être scellé. (*NdT*)

un drapeau. Netflix devrait commander une série consacrée aux aventures du tigre de Formose et de ses amis, l'éléphant couronné du Dahomey (voir p. 157) et le bison religieux de Perloja (voir p. 107).

hymnes
nationaux

« Nous tenons bon comme les grandes falaises »

Quand on doit trouver un hymne pour son pays, les possibilités ne manquent pas. Le « chant funèbre, indiscernable et pompeux » est l'option la plus populaire. L'air « débordant d'optimisme jusqu'à la crise de démence » n'est pas loin derrière. Pour les masochistes purs et durs, l'hymne grec contient 158 strophes, tandis que celui du Japon se limite à quatre vers. Un certain nombre de pays ont sagement choisi de s'en tenir à des morceaux instrumentaux, pour épargner à leurs champions sportifs la gêne de faire semblant de chanter sur les podiums olympiques.

Voici quelques approches retenues.

Pop punk

Le royaume de Corse se cachait derrière sa longue frange et montait l'escalier menant à sa chambre d'un pas lourd et bruyant pour que vous sachiez qu'il était très sombre et sérieux, et n'écoutait pas les chansons de variétoche prisées des autres pays.

> Vers vous soupire et gémit
>
> Notre cœur affligé
>
> Dans une mer de douleur
>
> Et d'amertume.

Puis on reprend les deux derniers vers, au cas où on n'aurait pas encore saisi la profondeur du désespoir corse.

Fanfaron

L'hymne semi-comique écrit pour le royaume d'Araucanie
d'Orélie-Antoine de Tounens a la litote et la modestie trumpiennes :

> Ô grand Orélie, seigneur des Mapuches,
>
> Tu es célèbre et sans égal,
>
> Orélie, en ton honneur, cinquante jolies filles
>
> danseront le malumbo.

Oui, cinquante.

Fanfaron, mais aussi décevant

L'hymne de Touva (emprunté à une vieille chanson traditionnelle) fait tout un plat des « neuf différents animaux »
du pays, ce qui n'est somme toute pas beaucoup. Dans son
émouvante coda, il précise aussi que ses habitants devien

dront millionnaires s'ils n'oublient pas de nourrir les neuf animaux en question.

Paresseux

Après la disparition de l'URSS, la Russie garda la mélodie de l'hymne soviétique et se contenta de remplacer les paroles par quelque chose d'un peu moins soviétique. De son côté, le Moresnet neutre choisit de traduire en espéranto les paroles d'une chanson de Noël, *Little Christmas Tree*.

Tardif

La Yougoslavie mit très longtemps à se trouver un hymne. Aussi la chanson populaire *Eh, les Slaves!* servit-elle un long moment d'hymne officieux. En 1988, au bout de quarante ans, la fédération finit par décider de choisir *Eh, les Slaves!* comme hymne officiel, juste avant de s'effondrer. Leçon à retenir : entendez-vous sur un hymne le plus tôt possible.

BIBLIOGRAPHIE SÉLECTIVE

Ackroyd, Peter, *Venice: Pure City*, Chatto & Windus, 2009

Alpern, Stanley B, *Les Amazones de la Sparte noire, Les Femmes guerrières de l'ancien royaume du Dahomey*, L'Harmattan, trad. Christiane Owusu-Sarpong, 2014

Applebaum, Anne, *Between East and West: Across the Borderlands of Europe Pantheon*, 1994

Barley, Nigel, *Un rajah blanc à Bornéo, La Vie de Sir James Brook*, Payot, trad. Bernard Blanc, 2009

Cronin, Vincent, *Napoléon*, Albin Michel, trad. Jacques Mordal, 1979

Davis, Richard Harding, *Real Soldiers of Fortune*, Cornell University Library, 1907

Diamond, Jared M., *Effondrement, Comment les sociétés décident de leur disparition ou de leur survie*, Gallimard, coll. « NRF essais », trad. Agnès Botz et Jean-Luc Fidel, 2006

Duara, Prasenjit, *Sovereignty and Authenticity: Manchukuo and the East Asian Modern*, Roman & Littlefield, 2003

Duff, Andrew, *Sikkim: Requiem for a Himalayan Kingdom*, Birlinn Ltd, 2015

Eade, Philip, *Sylvia, Queen of the Headhunters: An Outrageous Englishwoman and Her Lost Kingdom,* Weidenfeld & Nicolson, 2007

Ewans, Martin, *European Atrocity, African Catastrophe: Leopold II, the Congo Free State and its Aftermath,* Curzon Press, 2002

Finlayson, Iain, *Tangier: City of the Dream,* Bloomsbury Academic, 2015

Funder, Anna, *Stasiland,* Héloise d'Ormesson, trad. Mireille Vignol, 2023

Gasper, Julia, *Theodore von Neuhoff, King of Corsica: The Man Behind the Legend,* University of Delaware Press, 2013

Hall, Brian, *The Impossible Country: Journey Through the Last Days of Yugoslavia,* Penguin, 1994

Hall, Richard L., *On Afric's Shore: A History of Maryland in Liberia, 1834-1857,* Maryland Historical Society, 2003

Hughes-Hallett, Lucy, *The Pike: Gabriele D'Annunzio, Poet, Seducer and Preacher of War,* 4th Estate, 2013

Hwang, Kyung Moon, *A History of Korea,* Palgrave Macmillan, 2010

Jampol, Justinian, *Beyond the Wall: Art and Artifacts from the GDR,* Taschen, 2014

Jasanoff, Maya, *Liberty's Exiles: The Loss of America and the Remaking of the British Empire,* HarperPress, 2011

Johnson, Charles, *Les Chemins de fortune,* tome I : *Histoire générale des plus fameux pirates,* tome II : *Le Grand Rêve flibustier,* trad. Henri Thiès et Guillaume Villeneuve, Phébus, 1990

Leighton, Ralph, *Tuva or Bust! Richard Feynman's Last Journey,* Viking, 1992

Lovric, Michelle, *Venice: Tales of the City,* Abacus, 2005

MacGregor, Neil, *Allemagne, Mémoires d'une nation*, Les Belles Lettres, trad. Pascale Haas, 2022

McIntosh, Christopher, *The Swan King: Ludwig II of Bavaria*, Tauris Parke Paperbacks, 1997

McLynn, Frank, *Genghis Khan: The Man Who Conquered the World*, Da Capo Press, 2015

Pence, Katherine, *Socialist Modern: East German Everyday Culture and Politics*, The University of Michigan Press, 2008

Phillipson, D. W., *Ancient Ethiopia: Aksum, Its Predecessors and Successors*, British Museum Press, 1998

Prebble, John, *The Darien Disaster*, Pimlico, 2002

Roy, Denny, *Taiwan: A Political History*, Cornell University Press, 2003

Sinclair, David, *The Land That Never Was: Sir Gregor MacGregor and the Most Audacious Fraud in History*, Da Capo Press, 2004

Spence, Jonathan, *God's Chinese Son*, Harper Collins, 1996

West, Richard, *Tito and the Rise and Fall of Yugoslavia*, Carroll & Graf, 1995

Wilson, Sandra, *The Manchurian Crisis and Japanese Society 1931-1933*, Routledge, 2002

Wright, James Leitch, *William Augustus Bowles, Director General of the Creek Nation*, University of Georgia Press, 1967

MARTHA GELLHORN

mes saisons en enfer

cinq voyages cauchemardesques

PRÉFACE DE MARC KRAVETZ
TRADUIT DE L'ANGLAIS PAR DAVID FAUQUEMBERG

L'illustre correspondante de guerre américaine Martha Gellhorn (1908-1998) est l'auteur de nombreux récits, nouvelles, novellas et romans.

Dans Mes saisons en enfer, *elle nous raconte, avec une grande liberté de ton, ses périples les plus éprouvants : la Chine de Tchang Kaï-chek – en compagnie de son mari d'alors, Ernest Hemingway, qu'elle surnomme le Compagnon réticent –, la mer des Caraïbes où elle se lance à la poursuite des U-Boots nazis, le continent africain qu'elle traverse d'ouest en est, la Russie soviétique où elle rend visite à la veuve du poète Ossip Mandelstam, et enfin Israël, qui lui inspire une réflexion pleine d'humour sur l'ennui comme moteur au voyage.*

Sans concession pour elle-même, avec une curiosité qui jamais ne s'émousse, Martha Gellhorn déploie, dans chacun de ces récits, une joyeuse fureur et une élégante ironie. Le lecteur se réjouit de la suivre dans ses tribulations, tout en se félicitant – souvent – de ne pas être de l'aventure.

Si les Choses vues *de Victor Hugo sont le manuel technique du journalisme,* Mes saisons en enfer *devraient devenir le bréviaire du reportage en milieu hostile.* SYLVAIN TESSON, *LIRE*

Qu'elle se retrouve sous les bombes en Chine, en 1941, traque le sous-marin nazi dans les Caraïbes ou meure de faim, à Moscou, en 1972, elle se moque d'elle-même, tout en livrant une lecture humaine et cinglante des folies du monde. MARGUERITE BAUX, *ELLE*

LAURINE ROUX

l'autre moitié du monde

PRIX ORANGE DU LIVRE 2022
PRIX DES LIBRAIRIES FOLIES D'ENCRE 2022
PRIX DE LA LIBRAIRIE COIFFARD 2022

Espagne, années 1930. Des paysans s'éreintent dans les rizières du delta de l'Èbre pour le compte de l'impitoyable Marquise. Parmi eux grandit Toya, gamine ensauvagée qui connaît les parages comme sa poche. Mais le pays gronde, partout la lutte pour l'émancipation sociale fait rage. Jusqu'à gagner ce bout de terre que la Guerre civile s'apprête à faire basculer.

De son écriture habitée par la sensualité de la nature, Laurine Roux nous conte, dans L'Autre Moitié du monde, l'épopée d'une adolescente, d'un pays, d'une époque où l'espoir fou croise les désenchantements les plus féroces. Une histoire d'amour, de haine et de mort.

À travers L'Autre Moitié du monde, son troisième roman, Laurine Roux dessine le magnifique portrait d'une jeune fille cruellement bousculée par la vie et qui devient une femme libre, malgré tout. Sensuelle, la langue de l'autrice ancre chacun des êtres dans leur vie physique et dans la nature qui les environne : les corps, comme la terre et l'eau du delta, sont présents à chaque page. Une plume aussi habile pour saisir les frémissements intimes que les soubresauts des luttes sociales. STÉPHANIE DUPAYS, *LE MONDE*

Donner la vedette à de modestes individus pour incarner une épopée collective et historique : Laurine Roux s'y emploie avec brio dans ce troisième roman à la fois solaire et sanglant, qui met en lumière les prémices de la Guerre civile espagnole. Après Une immense sensation de calme, *puis le très réussi* Sanctuaire, *elle confirme son talent de conteuse. De sa plume pétrie de sensualité et de poésie, elle signe là un roman à deux temps, qui dit la solidarité des plus miséreux, l'espoir chevillé au corps.*

DELPHINE PERAS, *L'EXPRESS*

SANDRINE BERTHET

Jetés aux ténèbres

Septembre 1872 : la Danaé *accoste en Nouvelle-Calédonie. À son bord, des communards envoyés expier de l'autre côté de la Terre leur désir d'une société plus juste. L'un de ces déportés, Étienne Delandre, nous fait le récit de leur lutte pour s'acclimater à ce bout d'ailleurs et pour surmonter dans cette prison à ciel ouvert, au milieu d'une nature saisissante et brutale, l'exil, le dénuement et l'oubli.*

En butte à une administration pénitentiaire intraitable, confronté à une piètre société coloniale sans pitié pour les Canaques, Delandre n'a de cesse d'espérer une amnistie – et un retour en France.

Des barricades parisiennes aux terres rouges et âpres de l'archipel calédonien, Jetés aux ténèbres *redonne vie aux acteurs de la Commune – épisode majeur de notre histoire –, à leurs engagements et à leurs espoirs insensés.*

La reconstitution historique est d'une grande fidélité, tant sur le plan matériel que sur le plan idéologique : le roman se tient loin de tout cliché comme de tout effet, et retranscrit au plus près les doutes des uns face à la promesse d'une grâce et la volonté des autres de poursuivre le combat jusqu'à l'attente d'une amnistie. Loin de la caricature du révolutionnaire sanguinaire, on se tient auprès des Communards comme auprès de frères et d'amis épris d'un idéal de justice sociale pour lequel leur temps n'était pas prêt, et l'on partage leur solitude confinée comme ensuite leur espoir, à leur retour, d'une vie nouvelle. ÉLODIE PINEL, *ÉTUDES*

Superbe titre ! C'est un livre magnifique, magnifiquement écrit avec ce qu'il faut de force, de détermination et de rage pour qu'on ne le lâche pas de la première à la dernière page. Bravo de l'avoir publié et bravo à l'auteure de l'avoir écrit. Sur tout ce qui a paru pour célébrer la Commune, c'est à coup sûr le plus original, celui qui nous fait voir et entendre la déportation, l'exil, aussi fort que les tirs des pelotons d'exécution de la Semaine sanglante. GÉRARD MORDILLAT

KENT NERBURN

ni loup ni chien

TRADUCTION DE L'ANGLAIS (ÉTATS-UNIS) DE CHARLES POMMEL
PRÉFACE DE ROBERT PLANT • AVANT-PROPOS DE KIM PASCHE
DESSINS D'EDMOND BAUDOIN

« Je décrochai le téléphone à la seconde sonnerie. J'entendis de la friture sur la ligne avant que la voix ne lance :
– Vous êtes Nerburn ?
C'était une femme. Je reconnus le ton saccadé d'un accent indien.
– Oui, répondis-je.
– Vous ne me connaissez pas, continua-t-elle, sans même donner son nom. Mon grand-père veut vous parler. »

Dan, vieil Indien de la tribu des Lakotas, contacte l'écrivain Kent Nerburn pour l'entraîner dans un road trip au cœur de l'Ouest américain. Au gré des kilomètres et des rencontres, Dan livre son histoire et celle de son peuple, au-delà des mythes et des stéréotypes.

Empreint de douleur, teinté d'humour, Ni loup ni chien *est le dialogue entre ces deux hommes, qui luttent pour trouver une voix commune. Un document sans concession sur la culture amérindienne et sur la façon – violente et vorace – dont les États-Unis se sont construits.*

Le travail de Kent m'a accompagné et continuera de le faire, extraordinaire et à jamais précieux. Au milieu de la confusion des temps modernes, il donne voix à l'éblouissant esprit d'un peuple magnifique.

ROBERT PLANT, LED ZEPPELIN

Ce récit (enfin traduit en français) est un document sur la culture amérindienne qui ne ressemble à aucun autre, un témoignage exceptionnel et extrêmement émouvant sur la vie quotidienne, l'histoire et la spiritualité indiennes, qui bouscule allègrement, parfois avec un humour plein de finesse, tous les clichés liés au sujet.

PHILIPPE BLANCHET, *ROLLING STONES MAGAZINE*

JIM TULLY

vagabonds de la vie

autobiographie d'un hobo

TRADUCTION DE L'ANGLAIS (ÉTATS-UNIS) ET PRÉFACE
DE THIERRY BEAUCHAMP

Publié en 1924 aux États-Unis, Vagabonds de la vie *compte parmi les classiques de la littérature consacrée aux hobos, ces saisonniers américains qui voyageaient clandestinement sur les trains de marchandises.*

Jim Tully se frotta pendant plus de six ans aux trimardeurs les plus divers – et parfois les plus infréquentables. Il voyagea dans des trains postaux et des convois de marchandises, bivouaqua dans les « jungles » des vagabonds, assimila les us et coutumes des hobos, vécut de petits boulots et de mendicité, eut affaire aux forces de police, et vit souvent passer la mort de près.

Vagabonds de la vie *rend compte avec précision des mœurs, de l'éthique, de l'argot et, par-dessus tout, de la philosophie de ces hommes de la route. Avec ce récit, Tully s'inscrit dans les pas de Mark Twain et Jack London, représentants de la tradition littéraire vagabonde américaine.*

Fugueur à 14 ans, il vivra sur la route pendant six ans. Son chef-d'œuvre, enfin édité en France, a ouvert la route à Kerouac et à la beat generation.

LAURENT RIGOULET, *TÉLÉRAMA* TTT

L'ouvrage de Jim Tully, deuxième qu'il écrivit avant de continuer à en consacrer aux univers qu'il traversa – de l'orphelinat à Hollywood, en passant par les cases cirques, prisons et bordels –, dépasse largement le statut de précieux document : la langue y est vive, présente, et d'une incomparable justesse.

FRANÇOIS PERRIN, *LE VIF / L'EXPRESS*